対人関係力・仕事力・社会的影響力を高める

ホスピタリティコミュニケーション力

Hospitality Communication

加賀 博

ホスピタリティコミュニケーションのすすめ

　人間は生来、肉体的にも精神的にも弱く、一人では生きていけない動物です。その弱さが言葉をつくり、仲間とともにコミュニケーションをはかり、協力して生きることを学びました。そして知識や知恵を伝え合い、文明社会を作り、自然や環境に適応するだけでなく、活用する力を得てきました。今日ではその力は、宇宙開発にまで至っています。

　しかし、人類は必ずしも幸福な方向に向かっているとはいえません。身近な職場でのハラスメントや学校でのいじめから、世界的な民族・宗教間紛争やテロ、環境破壊など、周囲とうまくコミュニケーションがとれずに自分も相手をも傷つけてしまうことがあります。

　ホスピタリティコミュニケーションとは、人間が社会のなかでよりよい共同生活をするために、一つひとつ「目配り」「気配り」「心配り」を行い、相手を思いやる気持ちで自らを観察・分析し、評価・改善計画し、日常生活のなかで実行していく方法です。

　人は一生でいろいろな立場になります。女性であれば、赤ちゃんとして生まれてから、幼稚園児、小学生、中学生、高校生、大学生、社会人と成長し、社会に出て社員や管理者、家庭での嫁・妻、出産すれば母親、孫ができればおばあちゃんになるなど、年齢段階により立場が変わり、その時々でコミュニケーションをとり、それぞれの役割を果たさなければなりません。また、これからはダイバーシティ＝多様化の時代といわれていますが、性別や人種だけでなく、価値観の違う相手と互いに理解し合うことが、最も重要となってきました。

　そのため、これからのグローバル社会では、ホスピタリティコミュニケーション力を養い身につけることが特に求められていくでしょう。つまり、ホスピタリティコミュニケーション力を養うことは、「人生をよりよく生き抜く、すなわち予測できない環境変化に適応し、生き抜く力をいかに養い、修得できるかを学びつかむ」ことなのです。
　それにより、ホスピタリティコミュニケーション力⇒自己成長する⇒社会適応力が身につく⇒よりよい自分の人生（幸福な社会）といった流れが生じます。

　是非、本書を社会生活、地域生活にお役立ていただければと思います。
　最後に出版にあたり、(株)ジーアップキャリアセンターの糸賀智子様には懇切丁寧なご指導、ご支援賜り、感謝申し上げます。

著者　　加賀　博

contents 目次

第Ⅰ章 コミュニケーションの基本　7

1 対人関係力・仕事力を高めるコミュニケーションの基本　8
1. ビジネス社会では、なぜコミュニケーションが重要なのか
2. なぜ人間はコミュニケーションの動物といわれるのか
3. 毎日どれくらいの時間をコミュニケーションに費やしているのだろうか
4. コミュニケーションの上手な人と下手な人の差
5. コミュニケーションとは
6. コミュニケーションの定義

2 コミュニケーションの基本原則　13
1. コミュニケーションの基本動作とは
2. コミュニケーション行動の原点である対人関与力とは
3. コミュニケーション力チェックの方法
4. コミュニケーション力の改善の方法

3 コミュニケーションは第一印象で決まる　19
1. 第一印象の重要性
2. 第一印象チェック
3. 苦手なタイプの人とのコミュニケーション
4. 自分と相手との基本的な関わり方のパターン

第Ⅱ章 ホスピタリティコミュニケーションとは何か　23

1 ホスピタリティコミュニケーションの基本　24
1. ホスピタリティコミュニケーションのイメージ
2. ホスピタリティとは何か
3. ホスピタリティコミュニケーションの重要性
4. ホスピタリティコミュニケーションの目指すもの
5. ホスピタリティマインドの内容とポイント
6. ホスピタリティコミュニケーションのポイント
7. ホスピタリティコミュニケーションワード
8. ホスピタリティコミュニケーションの定義と満足度

第Ⅲ章 ホスピタリティコミュニケーションの基本スキル ……… 29

1 ホスピタリティコミュニケーションを円滑に進めるための原則　30
1. ホスピタリティコミュニケーションを円滑に進めるための基本姿勢
2. ホスピタリティコミュニケーションにおける話題づくり
3. ホスピタリティコミュニケーションで、相手に嫌がられる話やタブーな話題
4. 言語によるホスピタリティコミュニケーションと非言語ホスピタリティコミュニケーション
5. 言語によるホスピタリティコミュニケーションの内容
6. 非言語ホスピタリティコミュニケーションの内容
7. 非言語ホスピタリティコミュニケーションの特性と活用方法

2 相手の心を開かせるホスピタリティリスニング　35
1. ホスピタリティリスニング（思いやり傾聴）とは
2. ホスピタリティリスニングのポイント
3. ホスピタリティリスニング実践の7つの手法

3 自分の考え・思いを伝えるホスピタリティトーク　37
1. ホスピタリティトークとは
2. ホスピタリティトークのポイント

4 人間関係を深めるホスピタリティコミュニケーションストローク　38
1. ホスピタリティコミュニケーションストロークとは
2. ホスピタリティコミュニケーションストロークの4つの基本形
3. 対立場面でのコンセンサスストロークの取り方

第Ⅳ章 職場でのホスピタリティコミュニケーションの方法 ……… 41

1 職場でのホスピタリティコミュニケーションの内容　42
1. ホスピタリティコミュニケーションの良い職場・悪い職場
2. 職場での日常ホスピタリティコミュニケーションの基本
3. ホスピタリティマインドを大切にした職場での指示の種類
4. 指示事項を確実に相手に伝えるための6W2H
5. ホウレンソウ（報告・連絡・相談）が上司とのホスピタリティコミュニケーションの基本
6. 上司への報告・連絡のしかたのポイント
7. 上司への相談のしかたのポイント

contents

第Ⅴ章　ホスピタリティコミュニケーションスキル　～セルフトレーニング＆グループトレーニング～ ……… 47

1　ホスピタリティコミュニケーションスキル1
　　～第一印象づくり・笑顔のつくり方～　48

- 1　第一印象の笑顔が与える大切さ
- 2　笑顔の基本動作ステップ
- 3　アイコンタクトの大切さ
- 4　アイコンタクトの基本動作ステップ
- 5　お辞儀の大切さ
- 6　お辞儀の基本動作ステップ

2　ホスピタリティコミュニケーションスキル2
　　～お客様に対する自己紹介と名刺の受け渡し方～　53

- 1　自己紹介の大切さ
- 2　自己紹介の注意ポイント
- 3　自己紹介の基本動作ステップ
- 4　名刺の受け渡し方

3　ホスピタリティコミュニケーションスキル3
　　～お客様の安心と信頼を得る電話応対の方法～　59

- 1　電話応対の大切さ
- 2　電話応対の注意ポイント
- 3　電話の受け方
- 4　電話のかけ方

4　ホスピタリティコミュニケーションスキル4
　　～お客様のニーズを聞き取るホスピタリティリスニングの方法～　64

- 1　ホスピタリティリスニングの大切さ
- 2　ホスピタリティリスニングのチェックポイント
- 3　ホスピタリティリスニングの基本動作ステップ

5　ホスピタリティコミュニケーションスキル5
　　～信頼を与えるわかりやすい話し方～　67

- 1　話し方の大切さ
- 2　ホスピタリティトークの注意ポイント
- 3　ホスピタリティトークの基本動作ステップ
- 4　ホスピタリティトークに大切な敬語の種類と使い方
- 5　ホスピタリティクッション言葉

6 ホスピタリティコミュニケーションスキル6
　〜心のこもった案内の大切さ〜　72

■1 ホスピタリティアテンディングの大切さ
■2 ホスピタリティアテンディングの注意ポイント
■3 ホスピタリティアテンディングの基本動作ステップ

第Ⅵ章　ホスピタリティコミュニケーションの業界事例研究　演習問題　79

■1 医療・介護業界でのホスピタリティコミュニケーションの重要ポイント
■2 職場でのホスピタリティコミュニケーション行動の基本１０
■3 介護施設場面での注意ポイント
　① 起床・洗面　　② 更衣　　　③ 食事
　④ 排泄　　　　　⑤ 入浴　　　⑥ レクリエーション
　⑦ 片マヒがある人　⑧ うつ状態の人　⑨ 失語症のある人
　⑩ 認知症のある人
■4 医療業界（医師・看護師）向けの演習問題
■5 介護業界（介護職員）向けの演習問題
■6 ホテル業界（フロント・ポーター）向けの演習問題
■7 サービス業界（飲食店、小売店など）向けの演習問題

第Ⅰ章

コミュニケーションの基本

コミュニケーションを効果的に行うには、
それぞれ世界観が違うということを認識し、
その認識をもって他の人とコミュニケーションすることだ。

アンソニー・ロビンス　コーチ（コーチング）

1 対人関係力・仕事力を高めるコミュニケーションの基本

1 ビジネス社会では、なぜコミュニケーションが重要なのか

　厳しいビジネス社会で生きていくためには、様々な知識や能力が必要となります。例えば、仕事を行う上で必要な専門知識、自社の商品知識や相手に関する知識、問題解決能力や情報分析力、企画力、積極性、向上心、行動力、協調性など、様々な知識や能力が求められます。

　しかし、これらの職務遂行に必要な知識や能力が十分備わっていれば、必ず成功するといえるでしょうか。

　「あの人は、仕事はできるが顧客とのトラブルが多い」とか「彼は良い結果を残すが、途中で報告がないので何をしているか分からない」といった他人に対する評価を耳にしたことはないでしょうか。

　これらは、『仕事はできるがコミュニケーションに問題がある』という評価です。つまり、どんなに仕事の知識や能力が備わっていたとしても、コミュニケーションが下手であったり、コミュニケーションの方法に問題があったりすると、現代社会ではうまくいかないということを如実に表しています。なぜなら、これらの知識や能力は、すべて人（顧客や職場）に対して発揮され、何らかの良い影響をもたらして、はじめて仕事の成果となるからです。いくら良い仕事をしても、顧客や職場にその成果が届かなければ、何の価値もないのです。したがって、現代社会では、円滑に人間関係をつくり、人に対して仕事の成果を伝達し、共有していくコミュニケーション力が最も大切な能力といえます。

2 なぜ人間はコミュニケーションの動物といわれるのか

　人間は生物のなかで最も弱い動物かもしれません。なぜなら、人はひとりでは生きていけないからです。親の保護や支援がなければ生きることも成長することもできず、たとえ大人になっても自給自足の生活ができるわけではありません。

　人間は互いに支え合って生きる動物です。そのために言葉を発明し、コミュニケーションにより互いの思いや考えを共有し合い、社会を形成してきました。社会を発展させることで自らの生活を維持、成長させることができたのです。コミュニケーションがうまく取れなければ、その人は存在価値をなくし、生きるすべを失ってしまう可能性すらあるのです。逆に、コミュニケーションがうまく機能すれば、社会や周囲のために貢献することができ、自らは信頼を得、すべてが好循環するようになります。人間は他者とのコミュニケーションにより生きる動物なのです。

コミュニケーション力によって初めて発揮される能力・スキル、仕事の成果

■**適切なコミュニケーションを行った場合**

自　分	コミュニケーション	相　手
・仕事に必要な知識や能力 ・仕事の成果	円滑な人間関係づくり 信頼や協力関係 相手の要望を正しく聞く 成果を正しく伝える	顧客 上司や同僚 取引先

適切なコミュニケーションによって、信頼関係や仕事の能力や成果が伝えられると、さらに相手からの信頼や評価が高まる

■**コミュニケーションが行われない、または問題がある場合**

自　分		相　手
伝わらなければ、能力や成果がないことと同じ	✕	顧客 上司や同僚 取引先

仕事の知識や能力があっても、コミュニケーションに問題があると、相手との信頼関係も構築できないし、相手に対して仕事の能力や成果が発揮できない

3 毎日どれくらいの時間をコミュニケーションに費やしているのだろうか

　日常の仕事を振り返ってみてください。出社時の挨拶に始まり、打ち合わせ、商談、上司への連絡や報告、電話応対、稟議書や社内外文書の作成、メールチェックと返信、同僚との昼食時の雑談に至るまで、私たちは、毎日どれだけの時間をコミュニケーションに費やしているでしょうか。

　もちろん、職種や仕事の特性によって異なりますが、仕事のなかでは約70％以上の時間が顧客や取引先、上司や先輩・同僚との関わり合いに費やされているといわれています。営業職や販売職ではさらにその比率が高まるでしょう。技術職や専門職などで、他者との協働が少なく、ひとりで仕事を行う場合であっても、必ず顧客や上司・同僚、関係先と協力したり、相談したりしているはずです。

ひとりで秘境を探検する冒険家など、特殊な仕事でない限り、つまり、一般のビジネス社会では、コミュニケーションを伴わない仕事はほとんど存在しないといえます。

あなたはどのくらいの時間をコミュニケーションに費やしていますか

時　　間	仕事の内容・授業その他	他人の関わった時間
9：00	始業（現場での挨拶）	1分
12：00	同僚・友人と雑談しながら昼食	30分
17：00	終業（明日の予定を上司に報告、挨拶） （先生・先輩・友人に挨拶）	5分
計　①		計　②

①就業時間　合計：　　　　　　時間

②他人と関わった時間　合計：　　　　　　時間

あなたは、毎日　②／①：　　　％　　の時間をコミュニケーションに費やしている

4 コミュニケーションの上手な人と下手な人の差

　仕事は、自分の周囲の人との関係のなかに存在しています。顧客がいない商売（仕事）はあり得ないですし、職場に自分以外誰もいないという企業組織も存在しません。仮に、ひとりで自営をしていたとしても、顧客や協力してくれる取引先は必ず存在するはずです。仕事とは、自分の周囲の人の理解と協力があって初めて成り立つのです。つまり、周囲の理解と協力が大きければ大きな仕事が達成され、小さければたいした仕事はできないということになります。

　コミュニケーションがうまい人は豊かな人間関係を築き、周囲の理解と協力を得ながら大きな仕事を成し遂げ、充実したビジネスライフ、ひいては有意義な人生を送ることになります。一方、コミュニケーションが下手な人は自分の意思を明確に伝えられないし、相手の気持ちや考えを理解できません。周囲からの信頼や協力を得ることができず、結果として周囲から期待される仕事の成果や目標も達成できないということになってしまいます。

　コミュニケーションの上手下手で、人として大きな差がつくだけでなく、人生そのものに大きな差がついてしまうのです。

5 コミュニケーションとは

　コミュニケーションという言葉は、日常会話で頻繁に使われる言葉として定着しています。居酒屋で一杯飲みながら、コミュニケーションを図ることを、「ノミニケーション」と言ったりもします。それほど、誰もが知っており、日常良く使われる言葉ではありますが、その解釈や定義は人それぞれではないでしょうか。

"友人とあって話をすること"
"話をすることによって、お互いを良く知ること"
"自分の気持ちを伝えること"
"相手の気持ちを受け止めること"
"議論すること" "上司への報告" "挨拶" "メール交換" …

　どれもコミュニケーション行動であり、コミュニケーション行動を例示すれば、日常生活のほとんどすべての行動がコミュニケーションといえなくもありません。

　逆に、コミュニケーションとはいえない日常行動にはどんなものがあるのでしょうか。次の空欄に自分がコミュニケーションではないと思う日常行動を列挙してみてください。

■コミュニケーションではない自分の日常行動

おそらく、睡眠・読書・ひとりで食事・インターネット検索・掃除などが書かれたのではないでしょうか。

ここで、コミュニケーション行動とコミュニケーションとは言えない日常行動の違いに気づいたと思います。

それは、自分以外の相手との関わりがあるかどうかという点です。

コミュニケーションは、自分以外の「相手」が必ず存在する

6 コミュニケーションの定義

コミュニケーションの意味を辞書で調べると、「伝達、通信、意思疎通」という簡易なものから、「人間同士が、言語・非言語を通じて、お互いの感情や意思を伝達し合う作用」というような定義づけをしているものまで多数あります。もともとの語源には、「共通のものをもつ、分かち合う」というような意味があるようです。この定義を分かりやすく分解していえば次のようになるでしょう。

- 人間同士が…自分と相手が、あるいは誰かと第三者が
- 言語　　　…言葉や文字
- 非言語　　…言葉以外の方法（笑顔などの表情や身振り手振りなどのジェスチャー）
- 感情や意思…気持ち、思い、考え、価値観、主張など
- 伝達し合う…会話、電話、文書、メールなどでお互い伝え合う
  　　　　　　※一方通行ではないということに注意
- 作用　　　…結果として、お互いに影響をし合う、分かち合うこと

コミュニケーション力自己診断

1	相　手	コミュニケーションをする相手が存在すること
2	目　的	相手に伝えるべき、自分の気持ちや意思があること
3	表　現	気持ちや意思を言葉や言葉以外の表情やジェスチャー、態度などに置き換えて、相手に分かりやすくすること
4	手　段	会話（言葉のやり取り）や文書（文字のやり取り）など、相手に伝えるための手段をもっていること
5	影　響	一方通行ではなく、相互に影響を与えるものであること

再度、コミュニケーションの意味を整理すると、コミュニケーションをする相手を知り、何を伝えたいのか、その目的を知り、適切な表現と伝達手段によって、相手に伝え、お互いに影響を分かち合うということになるでしょう。

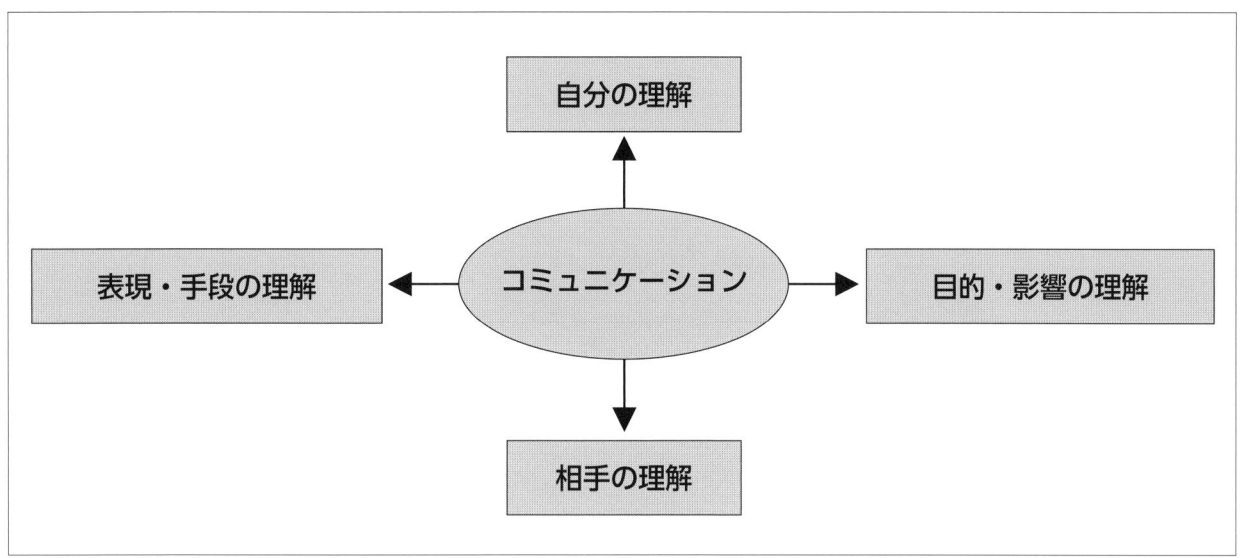

■コミュニケーションの４つの基本原則
1. 有効性の原則（目的に合わせる）
2. 正確性の原則（正確に伝える）
3. 適時性の原則（タイミングよく）
4. 経済性の原則（効率よく）

2 コミュニケーションの基本原則

1 コミュニケーションの基本動作とは

　では、コミュニケーションの基本的な行動や動作には、どういったものがあるでしょうか。

　コミュニケーションは、言葉や文字、言葉以外の方法で、自分の考えを相手に伝える行為ですから、話すあるいは書くという基本動作があることがわかります。また、言葉以外の笑顔などの表情、頭を下げる、腕を組むなどの態度も基本動作といえます。一方、相手が存在し、双方向であることがコミュニケーション成立の条件であることを考えれば、当然、自分が話し手である場合には相手が聞き手となり、相手が話し手である場合には自分が聞き手となります。

　また、自分側からは「文書を書いて自分の気持ちや考えを伝える」ことは、相手側からは「その文書を読むことで相手の考えを理解する」ことになります。

　つまり、これらのコミュニケーションの基本動作を通じて、理解したり、関係を構築したりすることが行われます。

　これらコミュニケーションの基本動作のなかで、最も頻繁に行われ、かつ丁寧で効果的なコミュニケーション動作が、「話す・聞く」です。また、話しながら、聞きながら同時に表現される姿勢や表情（非言語コミュニケーション）です。

　直接相手と会って、面と向かって行われるわけですから、微妙なニュアンスが伝えられますし、相手の心や感情の動きも読み取ることもできます。共感や信頼関係も生まれやすいコミュ

ニケーションの基本中の基本の動作です。

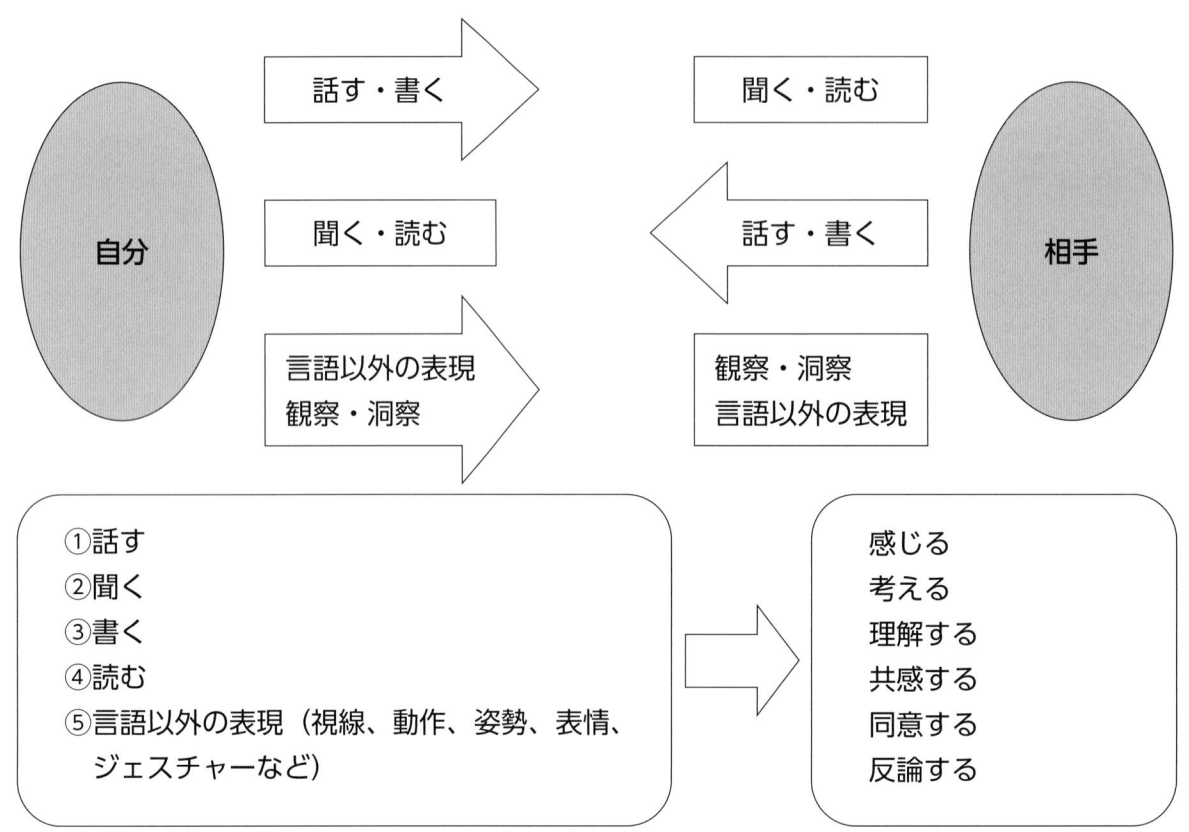

2 コミュニケーション行動の原点である対人関与力とは

　私たちは日常、何気なく「話をする」「相談する」「悩みを聞く」というようなコミュニケーション行動をとっていますが、何のために、コミュニケーション行動をとるのでしょうか。コミュニケーションには、自分以外の相手の存在が不可欠ですが、だからといって、見ず知らずの人に相談したり、まったくの他人の悩みを聞いたりすることはしないでしょう。この人に相談にのってもらいたい、あの人からいろいろなことを学びたい、あるいは、上司にアドバイスしてほしい、この人の協力を得て仕事を成功させたい、と思うからコミュニケーションをとるのであって、そうした相手に対する期待や思いがなければ、「話す・聞く」などのコミュニケーション行動を起こさないといえます。

　このような相手に対する期待や思いがコミュニケーション行動の動機となって、基本動作に移るのです。この動機のことを対人関与力といい、相手と関わっていこうとするコミュニケーションの原点です。

　どんなに話し上手、聞き上手な人であっても、相手と関わっていこうとしなければ（対人関与力がなければ）コミュニケーションは発展しません。

　対人関与力を高める方法は数多くあり、誰でもいつでもその気になればできます。日常生活を振り返って、一歩前に出る意識で相手に質問することが良いでしょう。

　「おはようございます」と挨拶した後、「これからどちらに行かれるご予定ですか」とか、「今日一緒にお茶でも飲める時間はありますか」などです。相手に質問することで相手に対す

る関心が伝わり、対人関与力は高まります。初めて会った人にも出身地や好きな食べ物など、相手に聞いたことを自分として話せば必ず相手は自分に興味を持ち、お互いの接点が興味のあることに変わり理解が深くなり、対人関与力が自然と高まるのです。つまり、質問力が対人関与力を高めるといえます。

3 コミュニケーション力チェックの方法

　表に簡単な質問が30問あります。比較的当てはまる質問項目には○印を、どちらかといえば当てはまらない質問項目には×印をつけて下さい。30問すべてチェックし終えたら、質問項目1～10、質問項目11～20、質問項目21～30の○印の数を数え、それぞれの小計欄にその数値を記入してください。

コミュニケーション力チェック

	質問内容	
1	人と会うときは、笑顔で接するように心がけている	
2	知らない人から声をかけられることがある	
3	ひとり暮らしは苦手である	
4	ひとりで食事をしたり、遊んだりすることはない	
5	初対面の人には、気に入られるような振る舞いを心がけている	
6	どんな相手でもまめに連絡や相談をするほうである	
7	ひとりでいる仲間を見ると放っておけない	
8	メールチェックは頻繁に行い、必ず返信をする	
9	接客や来客応対は好きなほうである	
10	自分は人間好きである	
	質問1〜10の○印の小計	
11	話し声は大きいほうである	
12	長電話をよくしてしまう	
13	会話がはずみ、時が経つのを忘れることがある	
14	人前で話すことは苦にならない	
15	みんなで議論をするのが好きである	
16	相手が留守の場合でも、伝言は必ず残す	
17	人が話している途中でも、必要に応じて話を整理する	
18	あまり親しくない人でも、自分を良く知っているということがある	
19	現場や学校など、仲間のなかでは目立つほうだといわれる	
20	ジェスチャーを交えながら話すことが多い	
	質問11〜20の○印の小計	
21	強く自己主張することはない	
22	親しみやすい人だといわれることが多い	
23	人の相談に乗ることが多い	
24	年上や目上の人に可愛がられるほうである	
25	議論などでは、言い負かされてしまうことがある	
26	その場の雰囲気やムードを大切にする	
27	相手の気持ちを考えながら話をする	
28	争いごとは嫌いなほうである	
29	周囲からの評判が気になる	
30	相手が感情的になったときは、自分の言い分は取り下げる	
	質問21〜30の○印の小計	

日常最も頻繁に行われるコミュニケーションの基本動作「話す・聞く」、およびその原点（動機）である対人関与（相手と関わろうとする思いや期待）について、簡単な自己診断をしてみましょう。

コミュニケーション力自己診断

■質問1〜10、質問11〜20、質問21〜30のそれぞれの○印の小計を下記のレーダーチャート図に書き入れ、線で結んで三角形を描いてください。

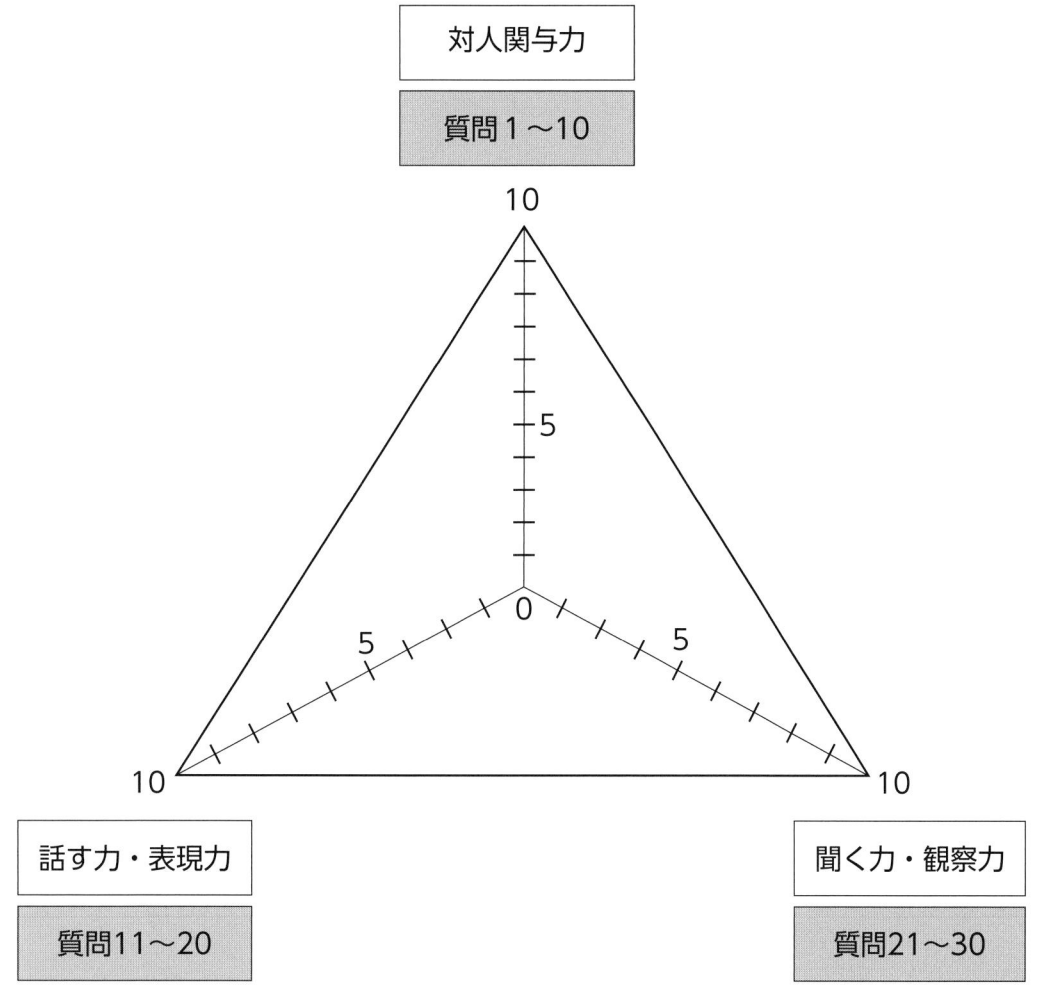

コミュニケーション力改善シート

コミュニケーション力	点数	原因・理由	影響	改善方法
対人関与力				
話す力・表現力				
聞く力・観察力				

	点数	診断結果
対人関与力	1～4点	人と一緒にいるよりひとりでいたほうが良く、自分から人と関わっていくのが苦手。相手からのコミュニケーションを待っているのではなく、自分から進んで輪を広げていくように心がけること。
	5～7点	人と標準的な関わりが保てる。ただし、親しい友人など、限られた範囲でのコミュニケーションに偏ってしまう場合があるので、違った分野や価値観の人と交流を図り、視野を広げること。
	8～10点	他人に対する関心度が高く、誰とでも関わっていたいタイプ。交友関係も広く、誰とでも仲良くしていこうとする。ただし、周囲から八方美人的な誤解を受けないよう注意が必要。
話す力・表現力	1～4点	自分の意見を素直に表現するのが苦手で、自分の頭のなかだけで会話してしまう。相手に伝えたいことを事前に整理して、自信をもって自己表現するよう心がけること。
	5～7点	場の雰囲気や相手によって、きちっと話や自己表現ができる。一方的に自分の考えを伝えるのではなく、相手とバランスよく、言葉や表現のキャッチボールすることができる。
	8～10点	積極的に自分の考えや主張を相手に伝えることができる。言葉や表現方法も巧み。ただし、相手のことを考えずに自分の意見ばかりを述べてしまう場合もあるので、相手がどう感じているかを考えながら話すようにすること。
聞く力・観察力	1～4点	相手の話を聞いているつもりでも、聞き流していたり、他のことを考えている場合が多い。まず、相手の言葉や話を最後まで良く聞き、受け止めるように心がけること。
	5～7点	基本的に相手の話をきちんと正確に聞くことができる。言葉を正確に受け止めることができるので、相手が、なぜ、今、この話をしてきたのか、その理由や背景を洞察しながら聞くようにすると、聞く力や理解力がさらに高まる。
	8～10点	相手の言葉や表情から、相手の気持ちや感情まで洞察できる聞き上手。今後は、話の感想や自分の考え方を相手にフィードバックすることで、さらに良い関係づくりが期待できる。

4 コミュニケーション力の改善の方法（コミュニケーション力改善シートの作成方法）

　コミュニケーション力の改善を図るには、まず、コミュニケーション力改善シートにコミュニケーション自己診断の結果を記入し、コミュニケーションの対人関与力、話す力・表現力、聞く力・観察力のテーマと課題を明確にします。そして、なぜそのような診断結果なのかを考え、その原因がどんな影響を与えているかを分析し、原因に対する改善方法・解決方法を具体的に記入し実行しましょう。

3 コミュニケーションは第一印象で決まる

1 第一印象の重要性

　第一印象や外見は、コミュニケーションにおいて非常に大切な要素です。私たちは人と出会ったその瞬間、つまり、まだ一言も会話をしていなくとも、相手の印象や外見、しぐさから様々な情報を感じ取り、自分なりに結論づけをしてしまいます。好感や嫌悪感、一目ぼれや警戒心など、感情的な反応がそれにあたります。これらは、きちんとした言葉にならないイメージ的なものですが、後々まで強い印象として残り続けます。一度定着してしまった第一印象を変えるには、何か月、何年という長い年月がかかるといわれています。

　笑顔、身だしなみ、言葉遣い、動作、物腰も大切なコミュニケーション行動であり、第一印象によって、その後のコミュニケーションが円滑に進むかどうかが決まるのです。

■**第一印象を決める要因**

笑　顔
　人を見るときはまず顔を見る。顔つきは人柄を反映するもの。笑顔には求心力が働き、そうでない顔には遠心力が働く。

身だしなみ
　まず、清潔感があることが大切である。特別なおしゃれをする必要はないが、髪はボサボサ、フケは肩に残ったままではダメ。服装は高価である必要はないが、ワイシャツの袖が汚れていたり、擦り切れていたりするというのは論外。

言葉遣い
　明るく・はきはき・ていねいにがポイント。おどおど、ぶっきらぼうではダメ。落ち着いてゆっくりと丁寧に話をするのが良い。

動作・しぐさ・視線
　ここにも性格がよく表れる。手足をいつも動かしているようだと、落ち着きがなく、真剣みがないように映る。相手の目を見て話をする、または視線を投げかけながら話を聞くことが大切である。

　特に、身だしなみと言葉遣いは、ビジネスパーソンとしての基本ルールです

2 第一印象チェック（他者チェック・自己チェック）

【身だしなみチェック】＝男性編＝　　○：できている　△：まだまだダメ　×：できていない

チェック項目	チェックポイント	○・△・×
ヘアスタイル	フケや寝ぐせはついていないか？	
ひげ・鼻毛	剃り残しはないか？　鼻毛は出ていないか？	
ワイシャツ	袖口や襟元のシワや汚れはないか？	
	ボタンをすべて留めているか、ボタンは取れていないか？	
スーツ	スーツの色は無難か？（黒系・紺系・グレー・茶系のいずれか）	
	スラックスはラインがとれていないか？	
	シワや汚れはないか？	
ネクタイ	ゆるんでいたり、曲がっていたりしないか？	
つめ	汚れや伸びはないか？	
靴下	スーツと同色系で合わせているか？	
	つま先・かかとが擦り切れていないか？	
ベルト	靴・バッグなど革製品の色には統一感があるか？	
靴	まめに磨いているか？	
	かかとは擦り切れていないか？	
バッグ	カジュアルなものではないか？（B4サイズのブリーフケースなど）	
腕時計	派手過ぎないものを身につけているか、時間は合っているか？	

【身だしなみチェック】＝女性編＝　　○：できている　△：まだまだダメ　×：できていない

チェック項目	チェックポイント	○・△・×
ヘアスタイル	まとまっているか？（長い髪は束ねる・前髪と横髪に注意）	
	髪色は派手すぎないか？（明るく健康的で清潔さが感じられるか）	
メイク	派手過ぎず明るく健康的で清潔さが感じられるか？	
香水	つけすぎていないか？（自身では判断しづらいため注意）	
アクセサリー	派手過ぎず目立ちすぎない範囲か？	
ワイシャツ	袖口や襟元のシワや汚れはないか？	
	清潔感があるか？（フリルが多すぎたり、透けたりするものは避けること）	
スーツ	スーツは無難な色か？（黒系・紺系・グレー系のいずれか）	
	TPOに形を合わせているか？（パンツスーツ・ワンピーススーツは注意）	
	シワや汚れはないか？	
つめ	派手な色や仕事に邪魔になる形ではないか？（ピンクか透明が無難）	
靴下	ストッキングの予備を持っているか？	
靴	無難に黒の革靴か？	
バッグ	無難なビジネスバッグか？（リュック・ポーチ・紙袋は不可）	
腕時計	派手過ぎないものを身につけているか、時間は合っているか？	

3 苦手なタイプの人とのコミュニケーション

　コミュニケーションは、相手に期待や関心をもって、自分の考えを伝えたり、相手の話を聞いたりしながら、お互い理解し合い、共感し合いながら関係を深めるための方法です。しかし、なかには、できればコミュニケーションをとりたくない苦手なタイプもいます。十人十色、百者百様で、自分と同じ考え方をする人ばかりではありません。同じ映画を見ても、ある人は素晴らしい映画と絶賛し、ある人は駄作と酷評します。もともと個性や感性が違うのですから仕方がないですし、すべての人と仲良く付き合うのは難しいことです。しかし、難しいからといって、苦手なタイプの人とのコミュニケーションを避けていたら、人間関係は深まらないし、広がりません。ましてやビジネス社会では付き合いたくないタイプの人とも人間関係を構築し、仕事の成果をおさめなければなりません。

　では、どうしたら苦手なタイプの人と上手くコミュニケーションが図れるのでしょうか。

　まず、自分と相手は、まったく別の人間なのだから、価値観や考え方がまったく違って当然という考え方に立ってみましょう。考え方が違うのがおかしいのではなく、違うからこそ面白いというプラス発想です。その上で、相手を観察してみます。「こんな考え方もあるのか」と新しい発見がいくつも見つかるはずです。その人の考えに同意・同調する必要はありませんが、その人のおかげで新しい発見ができたことには違いありません。また、誰でもそうですが、苦手意識や嫌いだと思っていると、その人の欠点や自分との違いばかりが目につき、長所には目が向かないことも多くあります。どんな人でも必ず長所はあります。欠点ばかりを見て長所を見ないのは自分の偏見で、自分が至らないからです。欠点も長所もみんなもっているのですから、どちらも認めた上で、肯定的に相手を受け止めることを習慣化してほしいと思います。そうすれば、おのずと苦手意識や嫌いなタイプの人間が減り、多くの人と良好な人間関係が作れると思います。

■苦手なタイプの人との接し方
- 自分と違うタイプだから面白い、というプラス発想をもつ
- 相手から新しい発見を見出す
- 新しい発見をさせてくれたことに感謝する
- 欠点より、長所を探す
- 欠点も長所も認めた上で、肯定的に受け止める

4 自分と相手との基本的な関わり方のパターン

　自分が相手に対して抱く思いを、例えば好きか嫌いかで表現すると、「どちらでもない」を除けば、文字通り「好き」か「嫌い」の関係、つまり肯定的な関わり（好き、尊敬、信頼など）と否定的な関わり（嫌い、卑下、不信感など）に大別されます。

　同様に、相手も自分に対して、肯定的・否定的な思いや関わりを認識しているので、自分と相手との関係は、次のようなマトリクスで4つの関係に整理することができます。

コミュニケーション力自己診断

		相　手	
		肯定（好き）	否定（嫌い）
自　分	肯定 （好き）	a. 自分が相手を肯定し、相手も自分を肯定している関係	b. 自分は相手を肯定しているが、相手は自分を否定している関係
	否定 （嫌い）	c. 自分は相手を否定しているが、相手は自分を肯定している関係	d. 自分は相手を否定し、相手も自分を否定している関係

a. I am ok, You are ok. 　　　　（自他肯定）の関係
b. I am ok, You are not. 　　　　（自分肯定、他者否定）の関係
c. I am not, You are ok. 　　　　（自分否定、他者肯定）の関係
d. I am not, You are not. 　　　　（自他否定）の関係

　この４つの関係のなかで、最も望ましいのは、a.の自分も相手を好きであり、相手も自分を好いてくれているという相思相愛の関係です。b.とc.はどちらか一方の片思いであり、d.はお互いに嫌いという厳しい関係です。a.の「自分が相手を肯定し、相手も自分を肯定している関係」を広く大きくしていくためには、相手を肯定し、相手から肯定されなければなりません。
　つまり、自分の考えを相手に分かりやすく伝え、理解してもらい、肯定的に受け止めてもらう努力をすること、また相手の考えや価値観を良く聞き、理解し、肯定的に受け止めることを、コミュニケーションを通じて行っていかなければならないのです。

		相手	
		肯定（好き）	否定（嫌い）
自分	肯定 （好き）	相互に肯定し合える円滑な人間関係	
	否定 （嫌い）		

自分の考えを相手に分かりやすく伝え、理解してもらい、肯定的に受け止めてもらうコミュニケーション（主に話す・表現するなどのコミュニケーション）

相手の考えや価値観を良く聞き、理解し、肯定的に受け止めるコミュニケーション（主に聞く・認めるコミュニケーション）

第Ⅱ章

ホスピタリティコミュニケーションとは何か

良く耳を傾けることは、
たくさん話すことと同じくらい、
強力なコミュニケーションと影響を与える手段だ

ジョン・マーシャル　元アメリカ合衆国最高裁判所長官

1 ホスピタリティコミュニケーションの基本

1 ホスピタリティコミュニケーションのイメージ

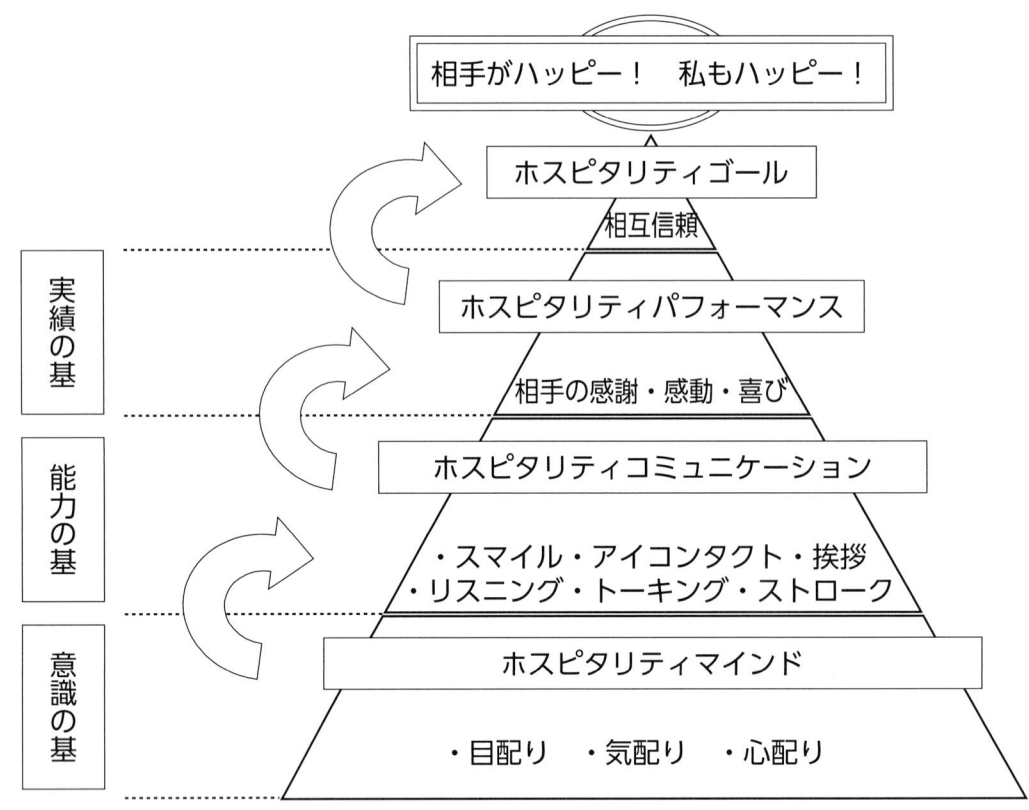

　ホスピタリティコミュニケーションは上記の図のように、相手の立場に立ち「この人は今どのように感じているのだろうか」「何をしてあげれば良いだろうか」「どうしたら喜んでもらえるのか」など、目配り・気配り・心配りをして思いやりをもったホスピタリティマインド（思いやりの心）をベースにホスピタリティコミュニケーションスキル、すなわち思いやりのある礼儀正しい、好印象を与えるコミュニケーションスキルを身につけ、行動することです。

　そして、このホスピタリティコミュニケーション行動は相手がハッピーと感じ、その結果、自分もハッピーと感じ、互いに信頼関係を築くことができます。

　このホスピタリティコミュニケーションは、さらに周囲の人々までもハッピーにする好循環させる力をもっています。

　現代社会のなかで、一番大切なのは人と人がお互い理解し合うホスピタリティコミュニケーションにより信頼関係に基づく仕事を実行し、お互いの幸福を築くことです。目配り・気配り・心配りというと何か古めかしいことのように感じますが、思いやりのある対話は時代を越え、民族の違いを越え永遠に大切なことです。

　ホスピタリティマインドや礼儀作法、敬語などは、まさに日本の伝統文化であり、最も日本人らしさを表現したものといえます。ホスピタリティコミュニケーションこそ日本人の最も大切とする、また得意とするものともいえます。

24

2 ホスピタリティとは何か

ホスピタリティ（hospitality）を辞書で引くと、思いやり、やさしさ、歓待などと訳されます。ホスピタリティの語源は、ラテン語のホスペス（hospes）で、ホテル、ホスピタル（病院）、ホストなどはすべてこのホスペスをルーツとしています。

ホスピタリティの原点である考え方が登場したのは、中世のヨーロッパでした。まだホテルがないこの時代、カトリックの巡礼者たちは一般の家庭に泊まりながら巡礼をしました。その時、「知らない人でも、よその村から来た人でも、家族と同じように受け入れましょう、親切にもてなし泊まっていただきましょう」という対応がホスピタリティの原点です。

日本の四国八十八カ所のお接待（お遍路さんをもてなす風習）によく似ています。つまり、人を受け入れる思いやり、やさしさのことです。

では、思いやり、やさしさとは具体的にどのようなことでしょうか。それは、相手に心を向けることであり、相手の立場での言動と理解することです。「この人は今どのように感じているのだろうか」「何をしてあげれば良いだろうか」、また「どう言えば伝わるだろうか」「こうしたら、こう言ったらうれしいだろうか（嫌だろうか）」と心を尽くすことがホスピタリティといえます。

3 ホスピタリティコミュニケーションの重要性

私たちの人生は、人とのつながりにはじまり人との関係で終わるといっても過言ではありません。ここにコミュニケーションの大切さがあります。自分と異なる価値観の人が相手だからこそ、相手の心が満たされるような心が通じ合うコミュニケーションをとる必要があります。それがホスピタリティコミュニケーションです。

今日、このホスピタリティコミュニケーションは不足し不十分といえます。その理由のひとつには、コミュニケーションスタイルの変化があります。メールの普及により、人と会わなくてもコミュニケーションをとることができるようになりました。確かにメールは便利であり、自分の都合の良いときに、伝えたいことを瞬時に送ることができます。しかし、相手がどのような状況でも一方的に送ることができてしまう面もあり、このことは相手の立場で考え、相手の心の変化に気づく力を鈍らせています。

このように人と接する場面が少なくなり、また、自分の好きな人のみと接する傾向がある現代こそ、あらゆる人と心の通じ合うホスピタリティコミュニケーションをとることがますます重要です。

なぜなら、人と人が通じ合い信頼関係が生まれてこそ、仕事もプライベートも幸福なものになるからです。

4 ホスピタリティコミュニケーションの目指すもの　～あなたがハッピー、私もハッピー～

やさしさ、思いやり、または相手の立場での言動は、私たちが目指すものではあるもの、それは出発点であり、ゴールではありません。目指すゴールは「あなたがハッピー、私もハッピー」を手にすることです。つまり、相手が幸せを感じ、その幸せによって自分も幸せを感じ

る」ことです。

　人と人の関係は鏡のようなものです。自分が良い思いをしても、相手が不快であれば、良い関係は構築できません。例えば、親切がおせっかいとなるのは、「自分が良いと思うことが相手の望むことではない場合」に起こります。おせっかいはした側は満足しても、相手にとっては迷惑になります。おせっかいを親切に変えるには、相手が望むことを把握することが必要です。親切な行動は、相手から心からの「ありがとう」をもらえます。おせっかいでは、心からの「ありがとう」はもらえません。相手から笑顔で心からの「ありがとう」をもらったとき、自分も心からハッピーになることができるのです。

　そして、人からもらったハッピーは、また他の人にもあげることができるのです。ほんの小さなことでも、相手のことを思って、相手が望むことをしてあげるならば、ホスピタリティスパイラルを起こすことができます。

　「あなたがハッピー、私もハッピー」を起こすことができるのが、ホスピタリティコミュニケーションです。そして、ハッピーはその周りに対しても様々な効果をもたらします。そのためには、まずは小さいことからでも自分からスタートすることです。スパイラルを起こすことにより、すべてが良い結果を導き出します。また、そのスパイラルを起こす力がホスピタリティコミュニケーションです。「あなたがハッピー、私もハッピー」で、ホスピタリティスパイラルを起こすことが、ホスピタリティコミュニケーションの目指すべきゴールです。

5 ホスピタリティマインドの内容とポイント　～相手に伝えるマインド～

　ホスピタリティは相手に対するやさしさ、思いやりというマインドが大切です。中心となるのは「マインド＝心のあり方」ですが、それを積極的に相手に伝えなければ、やさしさ、思いやりの心は伝わりません。

　そして、ホスピタリティマインドを支えるのは、相手は尊敬すべき対等な人という尊い意識です。一方的に奉仕する関係でなく、相手と自分は対等かつ平等であり、自分からできることをするという意識です。自己犠牲のうえには、「互いのハッピー」はありません。相手がたとえ嬉しくても、自分も嬉しくなければホスピタリティとはいえません。

　大きなことをするのではなく自分に無理のないことを、言葉を伴って行動にして伝えていきます。ほんの一言、ちょっとした心遣いの態度がホスピタリティマインドを伝えることになります。

　相手の立場になり、相手がうれしいことを自分のできる範囲で、無理なく続けていきましょう。そうすれば、相手と自分の素敵な笑顔に出会えるはずです。

6 ホスピタリティコミュニケーションのポイント　～目配り・心配り・気配りの大切さ～

　目配りとは、意識をもってよく見ることです。人は何らかのメッセージを発しています。急ぎの用事があれば時間を気にし、退屈してくれば視線は相手から他のところに移ります。嫌なことがあれば眉間にしわがよるなどのけげんな表情になり、嬉しいことには笑顔になります。普段は何気なく見ている相手のアクションや表情も、メッセージを受け取ることを強く意識す

ることにより、多くのことが伝わってきます。

　このように相手をよく見、観察することが、目配りです。相手を思いやる心はまず相手を良く見る目配りが大切です。

　心配りとは、相手の状況を受け取り、相手のためになるように心を働かせることです。言い換えれば相手の気持ちを想像することです。例えば、高齢者が多くの手荷物を持って来店されたとしたら、「多くの荷物を持つのは大変。1つの袋にまとめればきっと持ちやすくなる」と思うことが心配りです。

　つまり、相手が良くなること、相手のためになることを考え行動することが心配りです。

　気配りとは、一つひとつのことに細かく気を使うことです。一つひとつのことに細かく気を使うとは、単に注意を払うことだけでなく、何かをしたり言葉をかけたりするときに、「本当にこれでよいか。相手がうれしいと思うためには、他の方法もあるのではないか」と考えることでもあります。高齢者の手持ちの荷物をまとめる場合でも、単に大きな袋にまとめればよいということではなく、「いくつかに分けて両手でバランスよく持ったほうがいいかもしれない」と考えることが、気配りです。

7 ホスピタリティコミュニケーションワード　〜アイメッセージとユーメッセージ〜

　アイメッセージとは、「私は〜」のように、自分（一人称）を主語にして伝える表現方法です。ユーメッセージとは、「あなたは〜」のように、あなた（二人称）を主語として相手に伝える方法です。

　あなたは相手に行動を促したいとき、または相手を褒めたいときに、どのように表現していますか？

　例えば、期限を過ぎても書類を提出してくれない同僚がいるとします。その時、「（私は）提出してくれると助かります。待っています」と伝えるのがアイメッセージです。「（あなたは）どうして提出してくれないの？」と伝えるのがユーメッセージです。

　ユーメッセージはストレートに強く相手に伝わります。さらに、言い方によっては、決めつけや相手に原因を追求する言葉にもなります。

　ユーメッセージでは、相手そのものがダメというメッセージになりますが、アイメッセージならば、そう判断しているのは私であって、他の人は嫌いでなく好きなのかも知れないという余地を残しながら伝わることもあります。

　私たちはどのくらいアイメッセージを使っているでしょうか。アイメッセージは人を動かすメッセージです。ホスピタリティを発揮して人と接する場合には、基本は「アイ（愛）メッセージ」を用います。

8 ホスピタリティコミュニケーションの定義と満足度

　ホスピタリティコミュニケーションの定義をまとめてみます。
- あなたがハッピー、私もハッピーの実現
- 目配り・心配り・気配りの実現

・おもてなしの心、ホスピタリティの表現
・誠実、笑顔、挨拶、正確さの表現
・お客様との約束事の実行と実現
・機能面の約束と情緒のサービス水準の実現

次に、ホスピタリティコミュニケーションの満足度について考えます。ホスピタリティコミュニケーションの満足は、顧客の期待と提供する商品・サービスの実際・現実との関係にみることができます。

期待と現実の相関関係

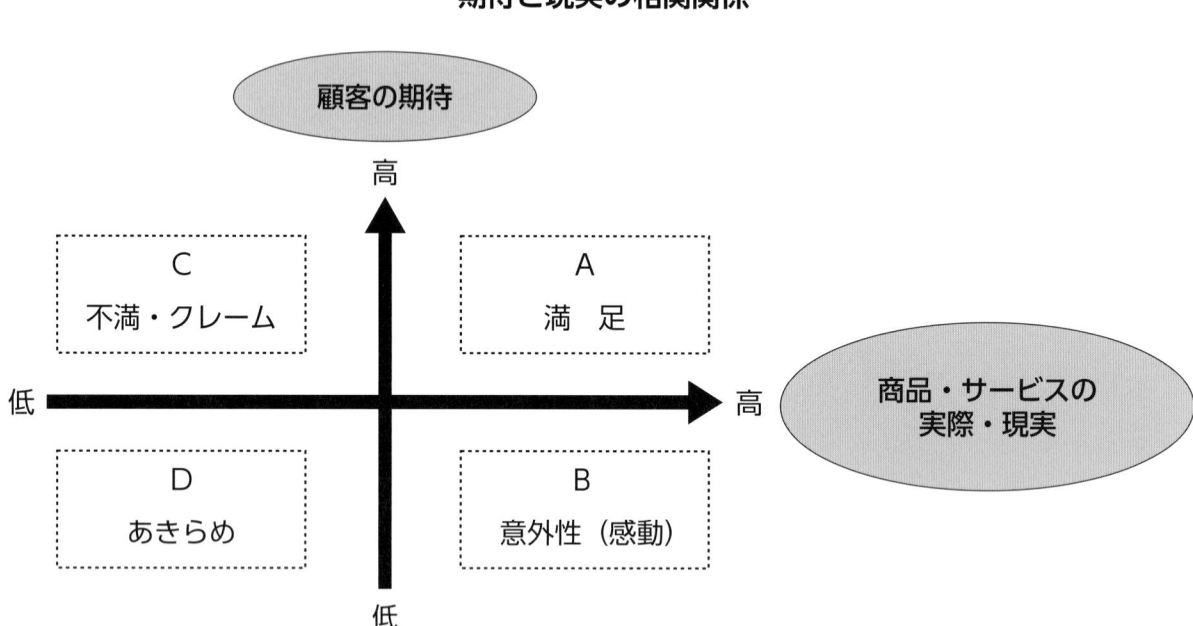

顧客の期待軸を縦に、提供する商品水準の実際・現実軸を横にしてみると、

A　期待が高く、商品水準が高い領域　　　満足
B　期待が低く、商品水準が高い領域　　　意外性（感動）
C　期待が高く、商品水準が低い領域　　　不満・クレーム
D　期待・商品水準ともに低い領域　　　　あきらめ

になります。期待感をあおるかどうかによって顧客の満足度が変化する、クレーム発生が期待と実際のミスマッチによるなど、顧客満足度は重要な経営課題となります。

第Ⅲ章

ホスピタリティコミュニケーションの基本スキル

話し上手の第一の要素は真実、
第二は良識、第三は上機嫌、第四は機知

ヘンリー・ジョン・テンプル　元イギリス首相

1 ホスピタリティコミュニケーションを円滑に進めるための原則

■1 ホスピタリティコミュニケーションを円滑に進めるための基本姿勢

自ら積極的に相手に関わっていこうとする姿勢

ホスピタリティコミュニケーションは、自分と相手との関係の間に存在しますが、互いに受身の姿勢ではホスピタリティコミュニケーションはうまく行きません。自ら進んで会話をもちかけたり、自分の気持ちや考えを相手に提供することが大切です。自分の一生懸命さや熱意が相手に伝わってこそ、ホスピタリティコミュニケーションはうまくいくのです。

相手の立場で考える

自分の考えや意見を率直に相手に述べることは大切ですが、自分の都合だけを考えてばかりでは良好な関係はつくれません。相手に対する思いやりや相手の立場で考えることが重要です。

素直な姿勢

先輩、先生、両親からのアドバイスに対しては「ありがとうございます」というように、相手から意見や助言を受けた場合には、素直に自分の気持ちを言葉にして相手に返すことが大切です。

状況に合わせた柔軟な対応

この問題はこうすべき、あの人の考え方はこうに決まっている、などと固定概念や先入観は排除しましょう。対人関係は、刻一刻と変化しつづけているので、状況や事実に合わせた柔軟な対応を心がけることが大切です。

目的や内容に応じたホスピタリティコミュニケーション手段の選択

最近は、メールでの情報交換や意見のやり取りが頻繁に行われています。ちょっとした報告だけでなく、重要な依頼事項もすべてメールで済ませてしまうという傾向があります。重要事項は直接出向いて対話する、簡易事項であればメールを活用するなど、TPO（時間、場所、目的）に応じてホスピタリティコミュニケーション手段を選択することが必要です。

ホスピタリティコミュニケーションは、情報の伝達だけでなく、気持ちの伝達があって初めて本当のホスピタリティコミュニケーションといえることを忘れてはなりません。

■2 ホスピタリティコミュニケーションにおける話題づくり

会話のきっかけや話題に困ったときには、**キドニタチカケセシ衣食住**というキーワードを思い描くと良いでしょう。このキーワードに関連づけて日頃から情報収集しておくと、いざというときに困りません。初対面での話の切り出しや話の途中で会話が途切れたとき、キーワードを思い出してさりげなく話をつなぐことです。

話題づくりのキーワード

キ	気候・天候	相手にとっても最も気楽に話せる無難な話題
ド	道楽・趣味	共通の趣味があればしめたもの。まず相手の趣味を確認しよう
ニ	ニュース	朝刊トップのニュースや最近話題のテーマなど
タ	旅・旅行	地域の話題や旅行での出来事など
チ	知人・友人	共通の知人や先輩・後輩がいれば、近況などを聞いて話の糸口とする
カ	家族	家族の構成程度。あまり詳しく追求しないこと
ケ	健康	健康やスポーツに関する情報は比較的話が弾みやすい
セ	セックス	相手が話題にしたとき、愛嬌で受け流す程度。異性に対しては禁物
シ	仕事	相手の仕事内容に敬意を表し、真摯な態度で聞くこと
衣	服装・ファッション	相手の服装や着こなしについてさりげなく褒めたり、流行についての話題
食	食事	好きな食べ物や安くておいしい穴場店の情報は誰でも興味をもつ
住	住居	「どちらにお住まいですか？」基本中の基本の話題づくり

3 ホスピタリティコミュニケーションで、相手に嫌がられる話やタブーな話題

　良かれと思って話題にしても、価値観や考え方の違いによってお互いが気まずい雰囲気になったり、対立関係になってしまいがちになったりする話題もあります。また、相手と良好な人間関係をつくりたいと思ってお世辞を言っても、度を過ぎて褒めすぎると、かえって不快に思われるので、気をつけなければいけません。

政治観や宗教観の話	主義主張や思想が同じである場合には有効であるが、政治や宗教に関する話は一般的には避けたほうが賢明。話が深くなればなるほど、考え方や思想の違いが明らかになって、関係が悪化してしまうケースが多い。相手が話題にのせた場合には、聞くことに徹すること。
うわさ話	その場にいない人物の話になると、あることないこと、他人から聞いた話など、つい遠慮なく色々話してしまうものです。話し手の品位を下げるばかりでなく、度が過ぎると人権問題にもなってしまうので、うわさ話には関わらないのが賢明。
お世辞話	社交辞令や相手に敬意を表するさりげないお世辞は、言われたほうも決して悪い気がせず、人間関係をつくるうえでの潤滑油として必要。しかし、しつこかったり、見え透いたりするお世辞は、喜ぶどころか、逆に不快感や不信感を抱かせる結果となる。「褒め殺し」にならないよう要注意。
自慢話	誰でも自分の成功体験や自慢に思う話は、つい我を忘れて吹聴してしまうもの。自慢話を聞かされて、口では「それはすごいことですね」と返しながらも、心から感心されることはまずない。自慢話で相手に好意・好感を持たれることはほとんどない。

4 言語によるホスピタリティコミュニケーションと非言語ホスピタリティコミュニケーション

ホスピタリティコミュニケーションは、自分の伝えたい情報を的確にわかりやすく伝達し、それを相手が正しく理解することによって成り立ちます。その伝達方法には大きく2種類があり、1つは言語（バーバル）であり、もう1つは非言語（ノンバーバル）といわれるものです。

ホスピタリティコミュニケーションは、言葉によるものと思われがちですが、ホスピタリティコミュニケーション行動全体のなかで、言語と非言語での情報伝達は、一般的にどのような割合で行われているのでしょうか。研究調査の結果によると、非言語でのホスピタリティコミュニケーション比率は、8割とも9割ともいわれています。つまり、その人のしぐさや表情、行動や服装など、実際には言葉以外の情報の影響が、断然大きいのです。

言語（バーバルメッセージ）：1～2割程度
＜言葉、話の組み立て、声の抑揚、音量、話のスピード＞

非言語（ノンバーバルメッセージ）：8～9割
＜ジェスチャー、表情、しぐさ、視線、姿勢、雰囲気など＞

熱意や誠実さなどの性格的気質、自信や不安感などの心理状態が非言語コミュニケーションに表れ、人は言語より非言語によるメッセージを信用する。

5 言語によるホスピタリティコミュニケーションの内容

言語によるホスピタリティコミュニケーションは、基本的に「話」と「声」の組み合わせから成立しています。「話」は内容や構成、語句の選択や論理性などとともに、話すスピードやテンポ、抑揚（イントネーション）に分けて考えられます。強調したい話であれば、ゆっくり大きな声で話したほうが効果的です。「声」は高低音、音量の大小、強弱、声の質に分けて考えられます。例えば、遠くにいる人に危険を知らせるなら、大声で「あぶない！」と叫ぶでしょうし、ヒソヒソ話であれば、当然のことながら、低く小さな声で話します。内緒話を大きな声でする人はいないでしょう。

このように、言語ホスピタリティコミュニケーションでは、状況や目的に合わせて、「話」と「声」を効果的に組み合わせなければなりません。「何を話したか」ということだけでなく、「どのように話したか」が大切なのです。

例えば、朝出社したら、必ず職場の上司や仲間に「おはよう（ございます）」と挨拶するでしょう。言葉の意味は変わりませんが、話し方や声の音量によって、伝わるニュアンスはまったく異なってしまいます。「おはよう」の言い方で、やる気や体調の良し悪しまで推測されてしまうのです。

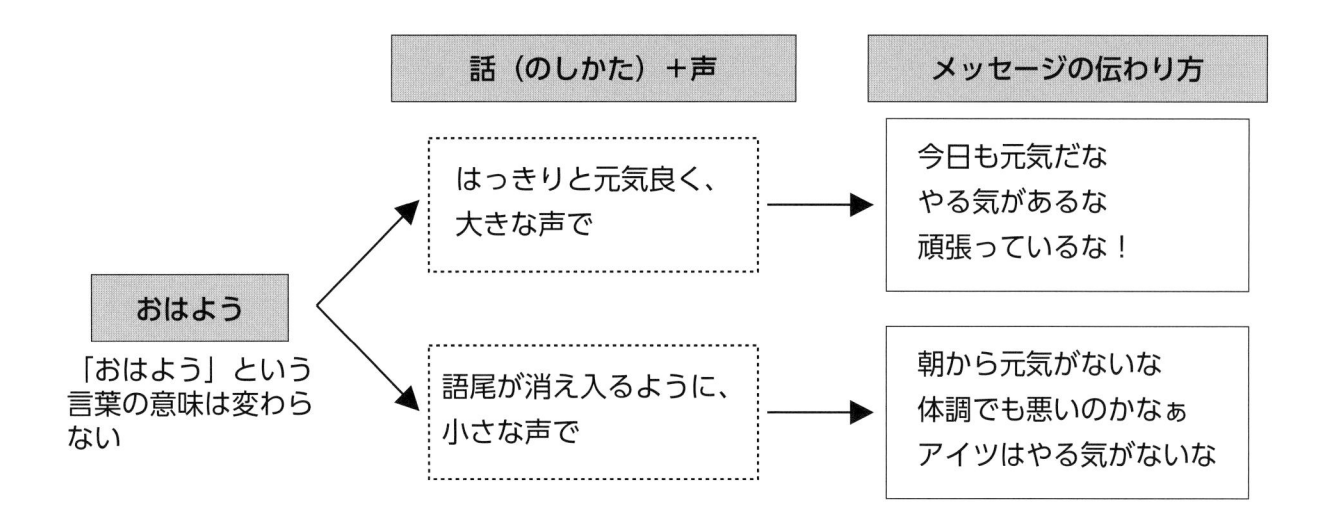

```
話（のしかた）＋声                    メッセージの伝わり方

         ┌→  はっきりと元気良く、      →   今日も元気だな
         │    大きな声で                   やる気があるな
  おはよう│                                 頑張っているな！
         │
「おはよう」という
言葉の意味は変わら   ┌→  語尾が消え入るように、 →  朝から元気がないな
ない                  小さな声で              体調でも悪いのかなぁ
                                              アイツはやる気がないな
```

6 非言語ホスピタリティコミュニケーションの内容

　言葉以外のすべてのホスピタリティコミュニケーションの方法を非言語ホスピタリティコミュニケーションといいますが、主なものを挙げると、ジェスチャー、態度、しぐさ、姿勢、目線や視線（アイコンタクト）、表情、相手との距離感や位置、服装や歩き方などがあります。目に見えるこれらすべてが、ホスピタリティコミュニケーションとして様々なメッセージとして受発信しているのです。どんな小さなしぐさであっても、それは自己表現であり、言葉だけが自分を表現する手法ではありません。

　例えば、相手に失礼なことをしてしまい「すみません」というときに、普通は「頭を下げる」という態度を伴います。お詫びをするときに、手を組んだり、胸を張って堂々と言い放ったりしたのでは、相手にお詫びの気持ちが伝わらないばかりか、逆に反抗的な態度と受け取られてしまいます。相手は言葉より態度でこちらの真意を読み取ろうとするため、円滑なビジネス関係、人間関係構築には、態度や表情などの非言語ホスピタリティコミュニケーションを適切に活用したコミュニケーションが不可欠なのです。

視線・目線

　「目は口ほどにものを言う」という言葉がありますが、相手の目をしっかり見ることは、相手やその話に強い関心をもっていることのメッセージです。目線を合わせる人は自信があり、精神的に安定しているといえます。一方、目線が泳ぐ人は自分に自信がなく、精神的にも不安定といわれています。ただし、相手を直視しすぎで、睨みつけるような視線では、反抗的・挑戦的に相手に映るので注意が必要です。

姿勢や態度

　「礼に始まり礼に終わる」ではありませんが、気持ちや一生懸命さは姿勢や態度に表れやすいものです。強調したい話や関心が高まると、やや前のめりの姿勢になりますし、無関心や横柄さが気持ちに表れるときは、腕を組んだり、背もたれに寄りかかるような態度になります。相手はこれらの姿勢や態度から、言葉とは裏腹のメッセージを受け取っているのです。

相手との距離や位置関係

　人間には、セーフティ・ゾーンといって、相手との関係や親密度に応じて相手との距離を保つ習性があります。親密度が高ければ相手との距離は短く、隣同士でいても違和感はありませ

ん。逆に、親密度が低ければある程度の距離を置き、対立関係にあれば対面の位置関係となります。親密な関係になりたいと、むやみに相手との距離を縮めると、相手に負担や抵抗感を与えてしまいます。関係性に応じた距離や位置を保持することが大切です。

表情やジェスチャー

豊かな表情やジェスチャーは、言葉以上の迫力や訴求力があります。逆に、何を話しても無表情で反応がない場合、聞いているのか聞いていないのか、関心があるのかないのか見当がつかず、話す気を失ってしまいます。私たちは、生まれながらに豊かな表情を授かっているので、これをホスピタリティコミュニケーションに活用しない手はありません。ただし、表情やジェスチャーは非常に微妙で、繊細な表現法なのでかなりの注意が必要です。同じ表情でも、笑顔として映るのか、ニヤニヤしていると映るのかは、相手の受け取り方次第です。大げさ過ぎるジェスチャーもかえって不信感を与えてしまい逆効果です。友人に印象を聞くなり、鏡で自分の表情を確認するなどして、自分の表情の特性や癖をチェックしておきましょう。

7 非言語ホスピタリティコミュニケーションの特性と活用方法

非言語ホスピタリティコミュニケーションは、自分の言いたいことを補完するなど、相手の真意を読み取るうえで重要な役割を果たしますが、必ずしも万能というわけではありません。

そこで、非言語ホスピタリティコミュニケーションの特性や効果的な活用方法を整理しておきましょう。

非言語ホスピタリティコミュニケーションでの悪評価を与える「癖」チェックの方法

チェック内容	自己チェック	家族チェック	友人チェック
よく腕を組む			
よく足を組む			
頭をかく、髪をいじる			
相手と目を合わせない、視線をそらす			
貧乏ゆすりをする			
首をかしげる			
舌打ちする			
手が落ち着かない、手でペンなどをもてあそぶ			
すぐに鼻や口に手をやる			
横目づかいや上目づかいで見る			
ついヘラヘラ笑ってしまう			
感情が高ぶると声が大きくなる			

非言語だけでは伝わりにくい

声が届かない遠くの人に手を振ったり、両腕で円を描いて「大丈夫」のサインを送ったりする場合が稀にありますが、通常はほとんど言語（言葉）との併用で使われます。「こんにちは」と言いながら、手を上げたりすることがあります。ただし、手を上げただけでは挨拶なのか、無意識に手を上げただけなのかの判別がつきにくいものです。したがって、言語と併用して使うことが望ましいでしょう。「こんにちは」という言葉だけでの伝達よりも、言語と非言語を併用して表現力が高まります。

ウソがつきにくい

言葉でウソをつくことは簡単ですが、非言語でのウソは比較的つきにくいといえます。よほどの訓練をしなければ通常は本心や本音が非言語として表現されます。例えば、退社時刻際に上司から仕事を頼まれ、言葉では「はい、わかりました」と返事をしながらも、表情が冴えなかったり、ため息交じりで応えてしまうものです。上司は、すぐに本心を見抜いてしまうでしょう。つまり、非言語では、気持ちや本音のありのままが出てしまいやすいのです。

人によって解釈が異なる

例えば、商談中に時計に目をやるという仕草をしたとします。商談の相手は「そろそろ時間が押し迫っているのかな…」と解釈をする人もいれば、「この商談に関心が薄いのかな…」と解釈をする人もいます。しかし事実は、時計の針が止まってしまってちょっと気になっただけかもしれませんし、時計を見ることが本人の癖かもしれません。このようにちょっとした仕草でもいろいろな解釈がされ、誤解が起こりやすいものです。言葉には定義や意味がありますが、非言語的表現では傾向や予測はついても、共通の定義がないのです。

無意識に行いやすい

まばたきをする、足を組替えるなど、本人は何も意識せず、何の意図のない仕草でも、相手はそれを何らかのメッセージとして受け取ってしまうことがあります。こちらが無意識の動作も相手が意味をもたせて解釈すれば、それはれっきとしたメッセージになり、コミュニケーションになってしまいます。

非言語ホスピタリティコミュニケーションは、言語での言い足りない部分を補ったり、言語の代わりとして効果的に相手にメッセージを届けてくれますが、自分ではコントロールしにくいコミュニケーションでもあるので、細心の注意が必要です。

2　相手の心を開かせるホスピタリティリスニング

1 ホスピタリティリスニング（思いやり傾聴）とは

「話すこと」と「聞くこと」ではどちらが難しいでしょうか。「私は話すのが苦手で…」というのをよく耳にしますが、「聞くのが苦手」ということはあまり聞いたことがありません。しかし、聞くのは簡単だと思っていたら、それは大間違いです。上手に聞くことのほうがはるかに難しいのです。なぜなら、人の話をただ黙って聞いているだけでは、本当に聞いていること

にはならないからです。

　「聞く」というホスピタリティコミュニケーションは、相手が何を考え、何を感じているか、そしてそれはなぜなのかを「正確に理解」してはじめて聞いたことになるからです。「聞き上手」な人は、相手の話を聞きながら、タイミングよく相づちを打ったり、表情豊かに反応を示すので、話し手は気分良く本音を語ることができます。そして会話の後には、「自分の考えを十分理解してくれた」と満足し、また何かあったらこの人に聞いてもらいたいと思うものです。そうした「聞き上手」になるための方法をホスピタリティリスニング（思いやり傾聴法）といいます。

2 ホスピタリティリスニングのポイント

批判的にならない

　ものの考え方や価値観は多種多様で人によって異なります。自分の考えや価値観に固執して聞いていると、「それはおかしいよ」「僕はそうは思わない」などと、つい否定的なことを口にしてしまいます。こうした聞き方をしていたら、相手は話す気を失ってしまうでしょう。自分の固定概念や考えといった基準を一度取り去り、まずは相手の話に素直に耳を傾けることが大切です。

言葉の裏にある相手の気持ちまで聞く

　相手がどんな内容の話をしたか（何を言ったか）だけでなく、その話の背景や本音の気持ち（なぜ自分に言ったのか）までよく洞察しながら話を聞くことが大切です。言葉に表現された内容は、相手の言いたいことのほんの一部分に過ぎません。「何を言ったか」だけではなく、「なぜ言ったのか」がホスピタリティコミュニケーションでは重要なのです。

質問などを通じて確認する

　自分の思いや言い分を100％言葉に置き換えられる人はいません。適切な言葉が見つからなかったり、言葉足らずであったり、言い間違えてしまうこともあります。そのために、非言語で言語を補完しながら、相手に伝えようとしますが、それでも不十分なのが私たちの日常行っているホスピタリティコミュニケーションです。したがって、相手の話で不明確な点や分からないところ、言語と非言語でギャップを感じたら、話しの腰を折らないように注意しながら、質問をして確かめることです。

会話の節目や終わりには自分の考えをフィードバックする

　真摯な態度で相手の話に耳を傾けることは、聞き手の重要な姿勢です。でも、ただ黙って聞いているだけでは一方通行になってしまい、本当のホスピタリティコミュニケーションとはいえません。相手は、自分の話を理解してくれたのか、理解していないのかが分からず、不安になります。したがって、相手の話が理解できたと思ったら、話の要点をまとめて賛意を言葉で表すなり、自分の言葉に置き換えて相手に伝えることが大切です。そうすれば、相手は理解してもらえたことが確認でき、安心して会話を続けることができるのです。

非言語（言葉以外のメッセージ）を相手に送る

　話の合間など要所で非言語を用いて、自分が真剣に相手の話を聞いていること、理解してい

ることを伝えていくことが大切です。相手はこうした態度や姿勢で、相手の積極的な傾聴姿勢を見て取るはずです。一生懸命聞いてくれる人には、話し手も一生懸命話すことができます。

3 ホスピタリティリスニング実践の7つの手法

（1） アイコンタクト	アイコンタクトとは「視線の一致」のこと。視線の合わせ方や時間の長さで相手がどれだけ好意的に話を聴いてくれているかがわかる。やわらかい視線で相手を見ながら聞く。
（2） 相づち	相手の話の内容に同意したり、共感したときにはその気持ちをはっきりと表す。「うなずき」や「なるほど、そうですね」といった言葉で共感を示す。
（3） 繰り返す	相手が最も伝えたいことや重要な内容については、「〜ですね」と相手の言葉を繰り返し、話を受け止めているということを相手に伝える。
（4） 言い換える	「〜という意味でよろしいのでしょうか？」と、相手が言ったことを自分の言葉や解釈に置き換えて確認する。
（5） 時々、質問する	ただ一方的に聞いているだけでなく、不明な点やわかりにくかった点については、必ず確認の質問をして理解を深める。
（6） 話の腰を折らない	話の途中で口をはさんで、話し手が変わってしまうことがよくある。こうした場合、相手は言い足りない不満を残してしまうので、相手の話は最後まできちんと聞き、話の腰は折らないよう注意する。また、話し手の考えを先読みして、先に言わないようにするのも相手に対する配慮である。
（7） 注意をそらさない	聞きながら、話し手以外のところに視線を送ったり、時計に目をやったりすると聞いていないと思われたり、話を早々に切り上げたいと思われる。

3 自分の考え・思いを伝えるホスピタリティトーク

1 ホスピタリティトークとは

　ホスピタリティトークとは、自分の考えや思いを真剣に感情をこめて、相手にわかりやすく理解しやすい方法で話すことです。相手と話すときは自分の意思が伝わるように適切な言葉、語彙を選んで話すことが大切です。相手の性別・年齢・教養・立場・性格などにより、相手に通じる話し方（ホスピタリティトーク）をしなければ、話したことがかえって誤解を招き、意図することとまったく反対の結果をまねくことがよくあります。ホスピタリティトークとは、こうした諸条件をよく考え、相手の理解と信頼を得ることができる話し方です。語彙、敬語、態度、マナーなどあらゆることを意識して行う話し方です。

2 ホスピタリティトークのポイント

　話をすることは、人間関係をつくるうえで最も重要なことの1つですが、話は話をする人と

聞く人がいて成り立ちます。ちょっとしたひと言で人の心は変化します。そして、その変化は話をした人に対する好き嫌いの感情へストレートにつながっていきます。

自分の話し方に気をつけて、心配りの行き届いた話し方が大切です。

■**ホスピタリティートークのポイント**
・人相手とアイコンタクト
・言葉の内容に注意する
・明るい言葉を使う
・敬語
・専門用語は避ける
・外来語に注意
・本音で話す
・相づちをチェックしながら話す
・終わりの言葉を丁寧にする

4 人間関係を深めるホスピタリティコミュニケーションストローク

1 ホスピタリティコミュニケーションストロークとは

Aさんが友人のBさんと次のような会話をしています。

Aさん:「おはよう」　　　　　　　　　　（言語）と笑顔（非言語）で挨拶
Bさん:「やぁ、元気そうだね」　　　　　　（言語）と笑顔で返す
Aさん:「最近、いろいろ調子が良くてね」　（ゴルフのスイングのジェスチャー）
Bさん:「いいスコアを出したの？」
Aさん:「実はそうなんだ、自己ベストを出してね」
Bさん:「それは良かったね」
Aさん:「今度一緒に行こうよ」
Bさん:「いいね、来月あたりにはぜひ一緒に行きたいね」

日常の何気ない会話ですが、Aさんが「おはよう」（言語）と笑顔（非言語）でストロークをBさんに投げかけ、Bさんはそのストロークを「やぁ、元気そうだね」（言語）と笑顔（非言語）で受け取り、お互いにストロークを投げたり、受け取ったりしています。

つまり、ホスピタリティコミニュケーションストロークというのは、コミュニケーションの基本とも言える考え方で交流を意味します。肯定的なストローク（プラス表現、相手を認める、明るい、やさしい）もあれば、否定的なストローク（マイナス表現、相手を認めない、暗い、厳しい）もあります。当然、言葉だけでなく、表情や態度（非言語）でのストロークもあ

ります。

　私たちは、このコミュニケーションストローク法で相手との交流を深めているのです。ホスピタリティコミュニケーションストロークとは、相手の存在を認め、自分の存在も認めてもらうホスピタリティコミュニケーションのキャッチボール手法です。

2 ホスピタリティコミュニケーションストロークの４つの基本形

無条件肯定
　相手の存在を無条件で認めるストローク。相手に好意や尊敬を抱いており、相手の存在そのものが自分にとって価値ある場合。親友や恋人、尊敬する先輩など。

条件付肯定
　自分が要求する期待を相手が満たしてくれるなど、ある条件の元で相手を認めるストローク。この依頼をきちんと期待通りにやってくれているので、相手を信用しているなど。したがって、ある期待や条件が満たされないと相手を否定する気持ちになってしまう。

条件付否定
　相手がある条件を満たしていないという理由から相手を否定するストローク。相談しても親身になって考えてくれず、いつも自分勝手なことばかり言うので、あいつは嫌だというような場合。

無条件否定
　期待や条件、相手との関係などを無視して、相手を認めないストローク。明確な理由があるわけではなく、「虫が好かない」存在。

　通常、こちらが投げるストロークと相手が投げ返してくるストロークは同一のものが多く、自分が無条件肯定であれば、相手も自分に対して無条件肯定です。相手の存在を認め、自らの働きかけで交流を深めていくことが大切となります。

3 対立場面でのコンセンサスストロークの取り方

　ホスピタリティコミュニケーションストロークによる交流によって、相手の存在を認め、自分にとって好ましい相手（存在）を多くつくり、豊かな人間関係を築いていくことは理想ですが、現実問題としてそうはいかないのが人間社会です。基本的に、私たちは個性も違うし考え方も違います。お互いの考え方や価値観をめぐって、ときには対立もしますし、駆け引きもします。

　そうした場合のコンセンサスストロークの取り方については次のパターンがあります。

自分が相手に合わせる
　自分が折れる形で、相手の主張を取り入れ、相手に合わせるパターン。

相手が自分に合わせる
　相手が折れる形で、相手に自分の主張を受け入れさせるパターン。

第三の解を模索する
　協議によって、相手と自分の双方が納得する別の主張を新たに見つけるパターン。

条件付で同意する

「この問題を解決してくれたら、あなたの提案をそのまま受け入れます」など、ある条件を満たしてくれたら、相手の主張にあわせるパターン。

意見が対立したり、利害の不一致があったりする場合、そのままでは人間関係は一歩も前進しません。長い目でみればお互いにとって不利益になってしまいます。状況や目的に応じて、コンセンサスストローク法を取っていくことが大切なのです。

第Ⅳ章

職場でのホスピタリティコミュニケーションの方法

雄弁が役に立たないときにも、
純粋な、無邪気な沈黙が、
かえって相手を説得することがある

シェイクスピア　劇作家

1　職場でのホスピタリティコミュニケーションの内容

1　ホスピタリティコミュニケーションの良い職場・悪い職場

　職場でのホスピタリティコミュニケーション不足は、職場の人間関係に大きな影響を及ぼすばかりか、仕事上のミスの原因ともなります。職場でのホスピタリティコミュニケーションを頻繁に行うことは、職場内での人間関係や信頼関係を構築するだけでなく、社会人として成功をおさめる大きな要因の1つとなります。

■ホスピタリティコミュニケーションの良い職場では
- 仕事上の目標や期待、役割が明確になっている
- 重要なできごとや、変化、変更の連絡が緊密である。しかも問題への対応が的確で速い
- 職場内で真の信頼関係が築け、エネルギーが仕事に向けられるため、効率よく目標が達成できる

■ホスピタリティコミュニケーションの悪い職場では
- 業務の手順や責任範囲が的確に理解されず、問題が起きたとき「自分の責任と思わなかった」といった声が聞かれる
- 指示がはっきりしないので、仕事のやり直しが多い
- 指示そのものや仕事のやり方が、いろいろな人に確認しなければはっきりしない
- 意見を交換したり、アイディアを共有したり、心配事や問題点を出し合うような雰囲気がない

2　職場での日常ホスピタリティコミュニケーションの基本

　情報技術が進歩し、電話やファックス、メールやインターネットなどの普及により、直接向き合わなくても意思の疎通や情報の伝達ができるようになりました。しかし、コミュニケーションの基本は、人と人とが向き合うフェイス・トゥ・フェイスにあります。

■職場での日常ホスピタリティコミュニケーションの基本
- 元気な「挨拶」……………………「おはよう、今日もよろしくね」
- 相手の状態を察して「気遣う」………「なんか顔色が悪いね、大丈夫？」
- 落ち込んでいたら「励ます」…………「お互い頑張ろうね」
- 悩んでいたら「慰める」……………「こんなときもあるよ、気にすることないよ」
- 協力してもらったら「感謝する」……「ありがとう、助かったよ」
- 良いことをしたら「褒める」…………「とってもいい提案だね」
- 間違いを見つけたら「叱る」…………「その点は注意が必要だよ」

■職場でのホスピタリティコミュニケーションを阻害する言葉
- 「君の考えはまちがっている」……………………………… **批判的言葉**
- 「おまえは、私の言う通りにしていればいいんだ」………… **抑制的言葉**
- 「君のことはどうでもいいんだ」…………………………… **冷淡的言葉**
- 「君より私のほうが一枚上手だ」…………………………… **優越的言葉**
- 「余計な説明はいらない」…………………………………… **固執的言葉**
- 「後で後悔させてやる」……………………………………… **作為的言葉**

3 ホスピタリティマインドを大切にした職場での指示の種類

　職場では、毎日、様々な仕事を協力し合いながら行っています。職場のメンバーや関係取引先に協力してもらい、実際にこちらの依頼どおりの仕事をしてもらって、成果を生み出しています。しかし、指示や協力の仰ぎ方によって、その成果は大きく異なります。メンバーや関係取引先が快く仕事を受けてくれるか、イヤイヤながら取り組むかでは、仕事の成果もその後の人間関係にも大きく影響してきます。

命令
　通常、上司が部下に対して行う指示です。一方的であり、命令した内容や結果については、上司の責任となります。部下も人間です。高圧的・強制的な言い方は避けることです。

依頼（頼む）
　職場のメンバーや取引先に対して、最も一般的な指示の方法です。仕事の目的と方法を伝え、相手にその仕事の完成をお願いするやり方です。

相談する
　「この見積書は、これでよろしいでしょうか」というように、上司またはメンバーと協議する方法です。この場合は自分の意見や考え方をしっかり持ち、それでよいかどうかの確認をするほうが良いでしょう。

暗示する

メンバーに対してどうしてほしいかを何気なくほのめかす指示の仕方です。この場合は、仕事の責任や権限も委譲し、メンバーの自主性をもって仕事に取り組んでもらうことになります。

指示の受け手を募る

「誰か、この仕事を手伝ってくれる人はいませんか」という指示の仕方です。指示の受け手に対して、一方的に丸投げするのではなく、こちらも協力姿勢で臨むことが大切です。

■4 指示事項を確実に相手に伝えるための６Ｗ２Ｈ

指示が曖昧であると、結果としての仕事の成果も曖昧になってしまいます。現場では、指示や協力を頼んだのに期待通りにやってくれないという話をよく聞きます。なぜ、相手は指示どおりにやってくれないのか。それは相手が悪いのではなく、自分の指示の仕方が悪いのです。指示事項の中で何かが欠けていれば、人は動かないものです。指示を的確に行うための要件やポイントを整理しておきましょう。

直接、相手に指示する

人を介した仕事の指示は、後で「言った・言わない」、「聞いた・聞いていない」のトラブルになりやすいのです。できれば直接指示するほうが、受け手にも伝わりやすくなります。

仕事の目的や期限（納期）を明確に伝える

「できるだけ早く」とか「定期的に」というのは、指示の受け手にとっては曖昧です。今日の３時までとか、今週中とか、定量的な期限を伝えることが必要です。

仕事の目的や背景を説明する

なぜ、この仕事を指示するのか、その仕事の重要性や背景の説明がないと、受け手は仕事の全体像が掴めないですし、最終的な成果や分担された仕事の意味が分からず、いい加減な仕事になってしまうことがあります。

受け手に期待していることを伝える

なぜ、あなたにお願いするのか、どのような能力に期待しているのかを説明すると、受け手への動機づけにもなりますし、快くその仕事を引き受けてくれるはずです。

中間報告の日時を伝える

仕事の進捗状況や途中経過の状況を報告する日時を前もって決めておくと、受け手も計画的に仕事を進めることができます。

質問を受ける

何か不明な点はないかどうか、その場で確認し不明点を解消することが大切です。また、その場で分かったつもりでも、仕事を進めていくと疑問点が沸いてくるものです。いつでも質問してくれるよう、伝えておくことも大切です。

指示内容を確認させる

受け手の勝手な思い込みがないかどうか、指示内容を最後に確認します。できれば、要点を復唱させるのが最も効果的です。

■指示を的確に行うための6W2H
- 誰が　　　　　　　　　…「who」
- いつ　　　　　　　　　…「when」
- どこで　　　　　　　　…「where」
- なぜ　　　　　　　　　…「why」
- 誰に対して　　　　　　…「whom」
- なにを　　　　　　　　…「what」
- どのように（方法や手段）…「how to」
- どれくらい（コストや時間）…「how mach」

5 ホウレンソウ（報告・連絡・相談）が上司とのホスピタリティコミュニケーションの基本

組織で働くということは自分の仕事の成果だけでなく、チームとしての成果が求められます。特に上司に対しては仕事の指示を受け、それに従って行動し結果を報告しなければならない立場にあります。したがって、上司とのホスピタリティコミュニケーションは最も大切です。ちょっとしたことでも報告・連絡・相談はすべきです。絶えずこの「ホウレンソウ」を上司に行うことは上司との良好な人間関係を築くだけでなく、上司との情報の共有が図れることにもなります。「ホウレンソウ」を頻繁に行うことが、部下としての最も基本的な責任と役割なのです。

6 上司への報告・連絡のしかたのポイント

報告の4原則：
1. 正確・迅速・簡潔に
2. 結論や結果を先に
3. 客観的事実と自分の主張は分けて
4. 悪い報告ほど早く

7 上司への相談のしかたのポイント

相談の4原則：
1. 相談事項や問題点を具体的に
2. 代替案を自分で用意する
3. それぞれのメリットやデメリットを述べる
4. 上司の判断を仰ぐ

第Ⅴ章

ホスピタリティコミュニケーションスキル
～セルフトレーニング＆グループトレーニング～

人間が生きるために不可欠なものは、
水、空気、食物、そしてコミュニケーション

マージョリー・スワンソン　生物学者

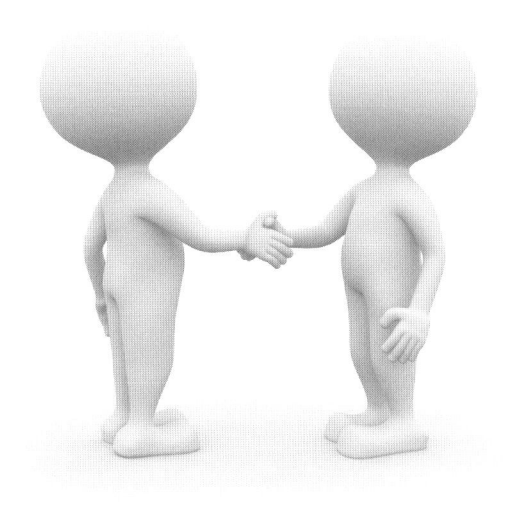

1 ホスピタリティコミュニケーションスキル1 ～第一印象づくり・笑顔のつくり方～

1 第一印象の笑顔が与える大切さ

人との出会いで相手に与える好感度は第一印象で決まります。第一印象は、手をパンとたたいた時間、わずか3～5秒で決まるといわれています。この3～5秒で「感じが悪い」と思われると、すべてマイナスに受けとめられてしまいます。

逆に、「感じがいい」と思われると、すべてプラスの印象で好意的に見てもらえる傾向が強いのです。

ですから、相手と接する場合、その出会いの瞬間のホスピタリティスマイルによる第一印象を大切にしてください。

2 笑顔の基本動作ステップ

ホスピタリティスマイルをつくるには、心にゆとりを持ち、心の微笑みを目と口で表現する気持ちで次のステップに従い実行してください。必ず、誰かとペアワークしてください。

そして、ペアワークまたはグループワークの他者評価をもらい、自己評価と他者評価の差異を分析し、改善に向けて気づいた点・学んだ点を整理し、トレーニングしてください。

STEP1　体を相手に向ける

STEP2　目尻を意識し、気持ち程度細める
　　　　そうすると和やかな優しい表情になる

STEP3　眉を少し上げる

STEP4　口の両端を少し上に上げる
　　　　つまり唇を閉じたままニッコリする

STEP5　以上の状態で、相手の目にアイコンタクトする

STEP6　「本日はお忙しいなか、ありがとうございます」など、
　　　　相手の状況に合わせて心のなかで感謝の言葉をとなえる

《笑顔》のチェックシート				
基本動作	自己評価	他者評価	改善に向けて気付いた点、学んだ点
①体の向き			
②目の表情			
③眉			
④口もと			
⑤アイコンタクト			
⑥感謝の心がこもっているか			
合　計			
平均点			

■評価ポイントの算出方法
　①自己評価・他者評価は次のどれかの点数をつけてください
　　5－良くできている　4－ほぼできている　2－もう少し　1－まったくできていない
　②次に合計点と平均点を計算し、それぞれの欄に記入してください。

3 アイコンタクトの大切さ

　ホスピタリティアイコンタクトとは、相手の目を見、お互い目線を合わせることです。ニッコリ笑ってホスピタリティアイコンタクトをすると、相手は、自分が信頼されていると思い、安心した気持ちになります。言葉はなくともお互いの心が通い合ったからなのです。しかし、目が合ったにもかかわらず、そのまま知らん顔でいますと、相手は気持ちの通い合いができず、無視されたような不快感をもたれます。

　話をするときも、しっかりホスピタリティアイコンタクトをすることが大切です。ホスピタリティアイコンタクトがないと、流れ作業で物扱いされたような印象を受けてしまいます。したがって、ホスピタリティアイコンタクトをして敏感に相手の心を感じとることが大切です。

4 アイコンタクトの基本動作ステップ

　相手の動きと表情に注意しながらやさしくホスピタリティアイコンタクトし、「いつもお世話になっております」「どうぞよろしくお願いします」など、心のなかで感謝、信頼の気持ちを言葉にすることを意識しながら次のステップに従って実行します。必ず、誰かとペアワークしてください。

　そして、ペアワークまたはグループワークの他者評価をもらい、自己評価と他者評価の差異を分析し、改善に向けて気づいた点・学んだ点を整理し、トレーニングしてください。

STEP1	相手と同じ目線の高さに立つ
STEP2	相手にやさしくホスピタリティアイコンタクトする
STEP3	相手の動きと表情に注意する
STEP4	相手に対し心で言葉をとなえ、しっかりホスピタリティアイコンタクトする
STEP5	相手のホスピタリティアイコンタクトから状況に応じホスピタリティアイコンタクトで返し行動を取る

　アイコンタクトを使うことによって、相手の心の変化やいつもと違うことなどをいちはやく察知することができます。

《アイコンタクト》のチェックシート

基本動作	自己評価	他者評価	改善に向けて気付いた点、学んだ点
①同じ目線に立つ			
②やさしくアイコンタクトする			
③動きと表情に注意する			
④心で感謝・信頼する言葉をとなえ、アイコンタクトする			
⑤相手のアイコンタクトに対しアイコンタクトで返す			
合　計			
平均点			

■評価ポイントの算出方法
　①自己評価・他者評価は次のどれかの点数をつけてください
　　　5－良くできている　4－ほぼできている　2－もう少し　1－まったくできていない
　②次に合計点と平均点を計算、それぞれの欄に記入してください

5 お辞儀の大切さ

　挨拶には、必ずお辞儀が伴うものです。お辞儀というのは、頭を下げることによって、その人自身の"こころ"を伝えています。尊敬の念や、他人の立場への思いやり、人の行為を受け入れる感謝の気持ちなどを伝えます。お辞儀はTPOによって使い方があります。相手の状況に合わせてお辞儀することが大切です。

会　釈	軽く一礼すること	15度
敬　礼	敬って礼をすること。丁寧にお辞儀をすること	30度
最敬礼	最上の敬礼	45度

6 お辞儀の基本動作ステップ

　正しいお辞儀をするには、次のステップに従って心を込めて実行してください。

　必ず、誰かとペアワークしてください。

　そして、ペアワークまたはグループワークの他者評価をもらい、自己評価と他者評価の差異を分析し、改善に向けて気づいた点・学んだ点を整理し、トレーニングしてください。

STEP1　正しい姿勢をとる
　　　　肩の力を抜き、背筋をまっすぐ伸ばす、または深呼吸をしてとめる
　　　　　※深呼吸をすると背筋は伸びる
　　　　両手の位置は男性は体側にまっすぐ、女性は前で自然に重ねる

STEP2　相手のほうを向いて視線を合わせ、一度止める

STEP3　挨拶をする場合は、言葉を先に発する
　　　　　「おはようございます」
　　　　　「こんにちは」
　　　　　「はじめまして」
　　　　　「ありがとうございます」
　　　　　「よろしくお願いします」　　など

STEP4　腰から上体を倒す　※頭だけを下げない
　　　　深さはTPOに応じて

STEP5　上体を下げたら一旦止め、ゆっくり起こす

≪行き合った（すれ違う）時の例≫

STEP1　右側によけて、立ち止まる

STEP2　目上の方が近づくのを待つ

STEP3　自分のほうから礼をする

STEP4　目上の方が歩きだしてから動く

《挨拶とお辞儀》のチェックシート			
基本動作	自己評価	他者評価	改善に向けて気付いた点、学んだ点
①姿勢			
②目線			
③上体の角度			
④スピード			
⑤言葉と動作の関係			
⑥ホスピタリティの心がこもっているか			
合　計			
平均点			

■評価ポイントの算出方法
　①自己評価・他者評価は次のどれかの点数をつけてください
　　５－良くできている　４－ほぼできている　２－もう少し　１－まったくできていない
　②次に合計点と平均点を計算、それぞれの欄に記入してください

2 ホスピタリティコミュニケーションスキル2 〜お客様に対する自己紹介と名刺の受け渡し方〜

1 自己紹介の大切さ

人と人との良い出会いは、まず自己紹介から始まります。コミュニケーションにおいては、単なる人間関係だけでなく、会社と関わり合うことですから、名乗ることはより大きな意味を持ちます。

「おはようございます」「いつもお世話になっております」「機械の調子はいかがですか」「今日の担当は、私〇〇です。何かありましたらいつでもご連絡ください」と挨拶をし、名乗れば、お客様は担当者が誰なのか分かり安心できます。

2 自己紹介の注意ポイント

1. まず笑顔で、相手をしっかりと見て
2. 大きな声で、はっきりと元気よく
3. 自分の名前はフルネームで紹介する
   〜担当など、コメントを付け加える

3 自己紹介の基本動作ステップ

自己紹介は、次のステップに従って心を込めて実行してください。誰かとペアワークするとよいでしょう。

そして、ペアワークまたはグループワークの他者評価をもらい、自己評価と他者評価の差異を分析し、改善に向けて気づいた点・学んだ点を整理し、トレーニングしてください。

STEP1　正しい姿勢で

STEP2　お客様（相手）の目を見て（アイコンタクト）

STEP3　まず笑顔を作り

STEP4　挨拶をして、お辞儀をする

STEP5　自己紹介
　　　　例：「担当の〇〇です。よろしくお願いいたします」

STEP6　自己紹介が終わったら、もう一度軽く礼をする

4 名刺の受け渡し方

■名刺を渡すときの基本動作ステップ

STEP1	正しい姿勢で
STEP2	お客様（相手）の目を見て
STEP3	名刺を自分の名前が相手から見えるようにし、両手で名刺を持ち、相手の胸の位置に差し出す
STEP4	自己紹介する「○○の□□と申します。よろしくお願いいたします」
STEP5	お辞儀をする

■名刺を受け取るときの基本動作ステップ

STEP1	正しい姿勢で
STEP2	お客様（相手）の目を見て
STEP3	両手で名刺を受け取る「頂戴いたします」
STEP4	お辞儀をする
STEP5	名前を記憶する 読めない場合には「失礼ですが、お名前はどのようにお読みすればよろしいのでしょうか」とその場で尋ねることが大切
STEP6	いただいた名刺は名刺入れに入れ、内ポケットにしまうか、テーブルの上（右手前）に置く

■相手が複数のときの名刺の渡し方

こちらが1人で相手が複数のとき、逆にこちらが複数で相手が1人のとき、上司を紹介するために同行してもらっている場合など、そのときの状況で渡す順番、いただく順番も変わってきます。

こちらが1人で相手が複数の場合
- まず役職の上の人から先に名刺交換する
- 次に担当者と交換する

こちらが複数で相手が1人の場合
- 電話でアポイントを取ったのは自分であっても、上司が一緒の場合は、上司から相手と名刺交換をし、自分は後に続く。

こちらが複数で相手も複数の場合
- 基本的には、自分の上司が相手の上位役職者からその下の職位の人へと順番に名刺交換をする。上司が相手の全員との名刺交換を終えたら、今度は自分が相手の上位役職者から交換していく。

■こんな場合はどうするか？

訪問先の相手が先に名刺を出してきたら…
- せっかく出されたものを無視して、自分の名刺を渡そうとするのも見苦しいもの。「お先に頂戴いたします」とまずはいただいてから「申し遅れましたが○○と申します」と一言添えて両手で渡す。

同時に交換する場合
- 「片手で失礼します」と言って、右手で自分の名刺を渡し左手で相手の名刺をいただきながら空いた右手を添える。

《自己紹介》のチェックシート

部署名　　　　　役職　　　　　氏名

基本動作	自己評価	他者評価	トレーナー評価&アドバイス	改善に向けて気付いた点、学んだ点
①正しい姿勢				
②アイコンタクト				
③笑顔				
④お辞儀				
⑤自己紹介				
⑥もう一度軽く礼				
⑦心がこもっているか				
合　計	35	35		
100点換算				

■評価ポイントの算出方法

①自己評価・他者評価は次のどれかの点数をつけてください

　　5－良くできている　4－ほぼできている　2－今一歩　1－まったくできていない

②次に合計点を出し、100点満点の場合の点数を計算、「100点換算」の欄に記入してください

【評価ポイント】

80点以上―良くできている　　　60点以上―ほぼできている

40点以上―改善が必要　　　　　40点未満―基本からやり直す

《名刺を渡すとき》のチェックシート

部署名　　　　　役職　　　　　氏名

基本動作	自己評価	他者評価	トレーナー評価＆アドバイス	改善に向けて気付いた点、学んだ点
①正しい姿勢				
②アイコンタクト				
③渡し方				
④自己紹介				
⑤お辞儀				
⑥心がこもっているか				
合　計	／30	／30		
100点換算				

■評価ポイントの算出方法
　①自己評価・他者評価は次のどれかの点数をつけてください
　　5－良くできている　4－ほぼできている　2－今一歩　1－まったくできていない
　②次に合計点を出し、100点満点の場合の点数を計算、「100点換算」の欄に記入してください

【評価ポイント】
80点以上－良くできている　　　60点以上－ほぼできている
40点以上－改善が必要　　　　　40点未満－基本からやり直す

《名刺を受けるとき》のチェックシート

	部署名	役職		氏名
基本動作	自己評価	他者評価	トレーナー評価&アドバイス	改善に向けて気付いた点、学んだ点
①正しい姿勢				
②アイコンタクト				
③受け取り方				
④お辞儀				
⑤心がこもっているか				
合計	25	25		
100点換算				

■評価ポイントの算出方法

①自己評価・他者評価は次のどれかの点数をつけてください

　　5－良くできている　4－ほぼできている　2－今一歩　1－まったくできていない

②次に合計点を出し、100点満点の場合の点数を計算、「100点換算」の欄に記入してください

【評価ポイント】
80点以上―良くできている　　60点以上―ほぼできている
40点以上―改善が必要　　　　40点未満―基本からやり直す

3 ホスピタリティコミュニケーションスキル3　〜お客様の安心と信頼を得る電話応対の方法〜

1 電話応対の大切さ

あなたはこれまで、電話の応対によってその会社をイメージしたことはありませんか。

問い合わせで、電話に出た人の話し方や対応によって、信頼感をもったり、不信感を抱いたりしたことはありませんか。

電話というコミュニケーションツールは、どこへでも瞬時に連絡ができると同時に、相手の顔が見えない分、その声やちょっとした話し方の癖が相手には気になります。分かりやすく話すことはもちろんですが、電話がもつ特性を十分に理解することが大切です。

2 電話対応の注意ポイント

心のこもった姿勢で

電話を受けるときもかけるときも、きちっと座り直して、肘を机の上につかないようにして、ほほえみを絶やさず、受話器を取りましょう（受話器の前に鏡をおき、鏡に映る自分に話しかける感じで）。お礼やお詫びの言葉を言うときには、必ず頭を下げながら応対しましょう。電話応対の心が声に反映し、相手に伝わります。

声の出し方

声や話し方はその人の人柄を多分に反映しているものです。言葉の選び方・話し方に気を付け、温かな感じを与えるように配慮し、分かりやすくはっきりと正確に話しましょう。小さな声やボソボソとした話し方は頼りないだけでなく、会社のイメージを暗くし、相手に不快感を与えます。

電話は一方的、ルールをわきまえ礼儀正しく

電話をかけるほうは目的や心づもりがあるのですが、受けるほうは"突然"なのです。電話は一方的であることを忘れないようにしましょう。

- 相手への配慮

  電話をかけて、相手が出たときは、「今、お話してもよろしいですか」と、まずひと言相手の都合を聞きます。

- お客様宅へ電話

  早朝、深夜、食事時は控えましょう。どうしても急ぎのときは、「夜分、恐れ入ります」など、お詫びの言葉を添えます。

- 感度良好

  受話器の性能は非常に良くなっているので、4m四方の音を相手に送ってしまいます。受話器のそばでの会話には気をつけましょう。

- 相手の声が聞き取りにくいとき

  「恐れ入りますが、お電話が遠いようですが…」と聞き直します。

  「声が小さい」とストレートに言っては、相手は気を悪くしてしまいます。

- メモを常用する

　口頭での伝言にミスはつきもの。話すときも聞くときもメモをとる習慣をつけましょう。メモの要点は、相手がどこの誰か、相手の電話番号、用件（５Ｗ１Ｈ）です。必ず、確認と復唱を忘れずに。
- 電話のたらい回しは会社の恥

　他の人にかかった電話は、正しく早く取り次ぎましょう。受けた人は、次の人へつなぐとき、必ず用件も言うようにします。相手方に同じことを何度も言わせないようにすることを心がけましょう。

間違い電話

- かけた場合は、丁寧に謝りましょう。かかってきた場合には、「いえ、違います」だけでガチャンと切らないように。
- 「何番におかけですか」と丁寧に受け答えしましょう。相手の知りたがっている先の電話番号が分かれば、「○○でしたら、×××番ですよ」などと、教えてあげましょう。
- すべて"会社のＰＲ"と思って、感じ良くすることを心がけましょう。

取り次ぎ電話

- 必ず、相手の会社名、名前、用件を確認、メモにとります。
- 用件を聞くことで、話がスムーズになります。

3 電話の受け方

ベルが鳴ったらすぐ出る	・必ず、メモとペンを用意
挨拶をして名乗る	・午前中（11時頃まで）は「おはようございます」 ・３回以上待たせたら、「お待たせいたしました、株式会社○○でございます」（内線の場合）「はい、○○部でございます」
相手を確認する	・「○○様でいらっしゃいますね」 ・相手が名乗らない場合 　「失礼でございますが、どちら様でしょうか」など ・相手の名前が聞き取りにくかった場合 　「申し訳ございませんが、お電話が遠いようですが…」 　（もう一度お名前をお願い致します）

挨拶をする	・お客様・関連業者さんの場合 「いつもお世話になっております」 ・社員の場合 「お疲れ様でございます」
要件を聞く	・取り次ぐ場合 「少々お待ち下さいませ」 ・わからないことは 「私では、わかりかねます」 「確認して、のちほどご連絡させていただきます」 「担当者に代わりますので、少々お待ち下さいませ」 ・要件はメモにとり、受け答えにはすべて責任を持ちます
要点を復唱する	・聞き間違い、聞き漏らしがないか、確認しながら、メモを読み上げ、復唱します ・特に、日付や場所、人名、品名などには注意が必要です ・最後に、「○○がお伺いいたしました」と自分の名前を名乗って、責任をもちます
終わりの挨拶をする	・「承知致しました」 「かしこまりました」 「ありがとうございました」 「よろしくお願いいたします」など
受話器を置く	・相手よりあとに、静かに切ります

4 電話のかけ方

■電話をかける前に準備すること

相手の電話番号、所属、氏名を確かめる	・間違い電話は時間とお金の無駄です ・相手の肩書きや姓名を間違えると大変失礼になります
話す要件・順序をメモする	・言い忘れ、話もれを防ぎ、短時間に要領良く話すためにメモを用意します
必要な書類・資料を用意する	・確実に情報を伝えるために、また、相手を待たせないために、あらかじめ手元に必要な資料などを用意しておきます

■電話をかける

相手を確かめる	・通常は先方が先に名乗りますが、名乗らない場合は確認します
自分の名前を言う	・「(私) ○○株式会社の××でございます」など
話したい人への取り次ぎを依頼する	・「恐れ入りますが、○○部の××部長をお願いいたします」 ・「○○の件でご担当の方をお願いいたします」

(相手が出たら)

挨拶をする	・必要があれば相手を確認する ・「いつもお世話になっております」など
要件を話す	・用意したメモをもとに、わかりやすく、要点を押さえて
理解を確かめる	・「よろしいでしょうか」、「いかがでしょうか」など
簡潔に復唱する	・念のために要点を復唱する
終わりの挨拶をする	・「どうもありがとうございました」 「よろしくお願いいたします」 「失礼いたします」など
受話器を置く	・静かに切ります

《電話応対》のチェックリスト

普段の自己を振り返り、自己Check欄に1・2・4・5のいずれかを記入してください。
1：全然できていない　2：まだ出来ていない　4：ほぼ出来ている　5：出来ている

項　目	自己Check
ベルが鳴ったらペンとメモを素早く用意していますか？	
ベルは3回以上鳴らさないようにしていますか？	
それ以上待たせたら、「お待たせいたしました」とお詫びの言葉をそえる	
受話器は利き手と反対の手で取っていますか？	
「もしもし」は使っていませんか？	
まず相手を確認していますか？	
用件はメモをとりながら要領よく、聞きもらしのないように書き取っていますか？	
先方の質問には分かりやすい言葉で、はっきりと丁寧に答えていますか？	
会社の守秘事項や個人情報に関することに答えていませんか？	
処理できないときは担当部署、あるいは上司に代わってもらっていますか？	
外部の方からの電話では、内部の人に敬称、敬語をつけていませんか？	
伝言、依頼を受けるときは、名前を名乗っていますか？	
受話器は相手が切ってから、そっと置いていますか？	
かけた方から切るのが原則	
用件をまとめてからダイヤルしていますか？	
話の内容は簡潔に手際よくまとめていますか？	
最初に用件を伝えていますか？	
用件が多いときは「今よろしいでしょうか」と都合を聞いていますか？	
重要な部分は復唱していますか？	
伝言する場合は5W1H(いつ、どこで、誰が、何を、どうして、どうする)で伝え、相手の所属と名前を確認していますか？	
合　　計	

4 ホスピタリティコミュニケーションスキル4
～お客様のニーズを聞き取るホスピタリティリスニングの方法～

1 ホスピタリティリスニングの大切さ

「聞く」というホスピタリティコミュニケーション行為は、相手が何を考え、何を感じているのか、そしてそれはなぜなのかを「正確に理解」してはじめて聞いたことになります。「聞き上手」になれば、相手は信頼し本音を語ることができます。そして、相手は何かあったらこの人に聞いてもらいたいと思うものです。そうした「聞き上手」になるための手法をホスピタリティリスニングといいます。

相手の話していることを親身になって真剣に聞き、理解しようとする態度や姿勢を身につけ、実践することがホスピタリティリスニングの大切さです。

2 ホスピタリティリスニングのチェックポイント

1. 自分の考えにとらわれない
2. 言葉の裏にある相手の気持ちまで聞く
3. 質問などを通じて確認する
4. 会話の節目や終わりには自分の考えをフィードバックする
5. 非言語（言葉以外のメッセージ）を相手に送る

3 ホスピタリティリスニングの基本動作ステップ

次のステップに従って心を込めて実行してください。必ず誰かとペアワークしてください。

そして、ペアワークまたはグループワークの他者評価をもらい、自己評価と他者評価の差異を分析し、改善に向けて気づいた点・学んだ点を整理し、トレーニングしてください。

STEP1　アイコンタクト
アイコンタクトとは「視線の一致」のことです。視線の合わせ方や時間の長さで相手がどれだけ好意的に話をしてくれるかがわかります。やわらかい視線で相手を見ながら聞きます。

STEP2　相づち
相手の話の内容に同意したり、共感したりしたときにはその気持ちをはっきり表します。うなずきや「なるほど、そうですね」といった言葉で共感を示します。

STEP3 繰り返す
相手が最も伝えたいことや重要な内容については、「〜ですね」と相手の言葉を繰り返し、話を受け止めているということを相手に伝えるようにします。

STEP4 言い換える
「〜という意味でよろしいのでしょうか？」と、相手が言ったことを自分の言葉や解釈に置き換えて確認します。

STEP5 時々、質問する
ただ一方的に聞いているだけではなく、不明な点やわかりにくかった点については、必ず確認の質問をして理解を深めます。

STEP6 話の腰を折らない
話の途中で口をはさんで、話の内容が変わってしまうことがよくあります。こうした場合、相手は言い足りない不満を残してしまうので、相手の話は最後まできちんと聞き、話の腰は折らないように注意します。また、相手の考えを先読みして、先に言わないようにするのも相手に対する配慮です。

STEP7 注意をそらさない
聞きながら、相手以外のところに視線を送ったり、時計に目をやったりすると、聞いていないと思われたり話を早々に切り上げたいのかと思われたりします。

《ホスピタリティリスニング》のチェックシート

基本動作	自己評価	他者評価	改善に向けて気付いた点、学んだ点
①アイコンタクト			
②相づち			
③繰り返す			
④言い換える			
⑤質問する			
⑥話の腰を折らない			
⑦注意をそらさない			
⑧気持ちや本音を聞くことができる			
合　計			
平均点			

■評価ポイントの算出方法
　①自己評価・他者評価は次のどれかの点数をつけてください
　　　５－良くできている　４－ほぼできている　２－もう少し　１－まったくできていない
　②次に合計点と平均点を計算、それぞれの欄に記入してください

5 ホスピタリティコミュニケーションスキル5
〜信頼を与えるわかりやすい話し方〜

1 話し方の大切さ

　話をすることは、人間関係をつくる最も重要なことですが、話は話をする人と聞く人がいて成立するものです。

　ささいなひと言で人の心は変化します。そしてその変化は、その話をした人に対する好き嫌いの感情にストレートにつながっていきます。自分のホスピタリティトークに気をつけて、心配りの行き届いたホスピタリティトークができるよう、日頃から意識して訓練することが大切です。

2 ホスピタリティトークの注意ポイント

■**ポイント1　同じ目の高さで話す**
話は気持ちのうえで対等な立場からスタートすべきものです。目と目を結ぶ線が斜めになると、相手はとても話しにくいものです。話をするときには、同じ高さに目線を置くことが大切です。

■**ポイント2　相手を見るのはテレビ画面サイズの範囲で**
テレビのニュースキャスターが話しているときの、画面を見ているつもりで話しましょう。

■**ポイント3　表情豊かに笑顔を忘れずに**
柔らかなほほえみをたたえ、優しい気持ちで相手の顔を見ることが大切です。

■**ポイント4　話はできるだけ簡潔に分かりやすく**
大切なのは話の内容が要領よくまとまっていることです。1つのテーマを45秒以内でまとめると話がわかりやすくなります。

■**ポイント5　明るく話す**
歯切れの良い言葉で、誠意をもって。早口にならないよう、落ち着いて話しましょう。明るく話すと同じ内容を伝えるにしても響きをやわらかくします。

■**ポイント6　外来語・専門用語は極力避ける**
誰が聞いても分かりやすいことが求められます。

■**ポイント7　言い終わり（語尾）を丁寧に**
日本語は最初が多少ぞんざいでも、言い終わりが丁寧だと、良く聞こえるものです。敬語の使用は当然として、言い終わりを丁寧にするという原則を忘れないようにしましょう。

■**ポイント8　自分のことを「わたくし」と表現**
"わたくし"を使うと言葉遣い全体の印象が変わり、ホスピタリティトークとして立派なものになります。

■ポイント9　最近の"流行り言葉"は使わない

「ヤバイ、ウザい、ウケる、〜じゃん」など、場所や相手にもよりますが、プロフェッショナルの会話においては感じの良い言葉ではありません。不快感を抱かせる言葉はできるだけ避けたほうが、誤解を招きません。

■第一印象を決める要因
1　信頼される相づち
　　タイミングよく、うなずきながら。明るく、ハキハキと。
2　話を引き出す相づち
　　具体的には、スラスラ言葉が出てこない人でも、「なるほど」「そうですか」など引き出し言葉を使い、そこから話しやすいようにする。
3　相手の話を受け止める相づち
　　話を復唱し確認する。

3 ホスピタリティトークの基本動作ステップ

話をする際には、次のステップに従って心を込めて実行してください。

STEP1　相手と同じ目線

STEP2　相手にやさしくアイコンタクト

STEP3　話の内容を考える（分かりやすい話）

STEP4　明るい言葉

STEP5　敬語を使う

STEP6　相づちを打ちながら気持ちが通い合うようにする

STEP7　言葉の終わりを丁寧にする

そしてペアワークまたはグループワークの他者評価をもらい、自己評価と他者評価の差異を分析し、改善に向けて気づいた点・学んだ点を整理し、トレーニングしてください。

4 ホスピタリティトークに大切な敬語の種類と使い方

敬語が正しく使えることは、大きな信頼感につながります。敬語感覚を磨きましょう。

種類	使い方	用法	例
尊敬語	相手および相手に関する人の動作や持ち物を高めて言う言葉	～れる ～られる お～になる	書かれる 来られる お聞きになる
謙譲語	自分や自分に関係のある人についてへりくだって言う言葉	～させていただく お～する ご～申し上げる	待たせていただく お知らせする ご案内申し上げる
丁寧語	相手に敬意を表すために丁寧に使う言葉	～です ～ます ～ございます	さようです 思います さようでございます

常体から敬体への言い換えをすることで、相手に失礼のない言葉づかいができる。

常体	敬体	常体	敬体
自分の会社	私ども／弊社	取引先の会社	御社／貴社
誰	どなた	さっき	さきほど
ちょっと	少々	こっち	こちら
そっち	そちら	このあいだ	先日
どこ	どちら	あとで	のちほど

普通語	尊敬語	謙譲語
言う	おっしゃる	申す、申し上げる
見る	ごらんになる	拝見する
聞く	お聞きになる	伺う、拝聴する
行く（訪ねて行く）	いらっしゃる	参る、伺う
来る	いらっしゃる	参る、伺う
する	なさる	いたす
いる	いらっしゃる	おる
知っている	ご存知でいらっしゃる	存じる、存じ上げる
食べる	召し上がる	いただく
会う	お会いになる	お目にかかる

第Ⅴ章　ホスピタリティコミュニケーションスキル

5 ホスピタリティクッション言葉

会話をより心地よく柔らかく印象づけるために「ホスピタリティクッションワード」があります。

「恐れ入りますが」「失礼ですが」といった言葉を会話のなかに入れることで非常に耳触りのよい会話が生まれます。

■ホスピタリティクッション言葉の例
- 恐れ入りますが
- 失礼ですが
- 申し訳ございません
- あいにくですが
- おさしつかえなければ
- お手数をおかけいたしますが
- 大変勝手で恐縮ですが

※ただし、必要以上に多用するのは日本語としても不自然であり、相手が不快に感じることもあるので注意しましょう。

《ホスピタリティトーク》のチェックシート

基本動作	自己評価	他者評価	改善に向けて気付いた点、学んだ点
①同じ目線			
②アイコンタクト			
③わかりやすい話の内容			
④明るい言葉			
⑤敬語			
⑥相づち			
⑦言葉の終わりを丁寧に			
⑧心がこもっているか			
合　計			
平均点			

■評価ポイントの算出方法
　①自己評価・他者評価は次のどれかの点数をつけてください
　　５－良くできている　４－ほぼできている　２－もう少し　１－まったくできていない
　②次に合計点と平均点を計算、それぞれの欄に記入してください

第Ⅴ章　ホスピタリティコミュニケーションスキル

6 ホスピタリティコミュニケーションスキル6 ～心のこもった案内の大切さ～

1 ホスピタリティアテンディングの大切さ

　接客は、会社やお店にお見えになる一人ひとり条件が違う相手に、丁寧に感じ良く、しかも的確に対応しなければなりません。非常に神経を使う仕事です。

　相手が、最初に出会うのはあなたですから、その責任は重大です。あなたの応対如何によっては全体の印象が左右されるのです。あなたは"会社やお店の顔"として、接遇能力をフルに発揮できるように心がけましょう。

2 ホスピタリティアテンディングの注意ポイント

■ポイント1　きちんとした態度で待機
いつ、どこから見られていても恥ずかしくないように、きちっとした態度で待機しましょう。そして相手が入りやすい雰囲気を作るように気を配ることです。

■ポイント2　声に笑顔を添えて
相手のお顔が見えたら、すぐに立ちあがって、笑顔でこちらから声をかけます。
「おはようございます」「どうなさいましたか」
わき見をしたり、何かしながらの応対は失礼です。
また、相手の要望のなかには、多少手間のかかることや無理難題もあるかもしれません。どんな時でも、最後まで嫌な顔や態度を見せないようにしましょう。

■ポイント3　公平な応対を
初めての相手の場合、「どこの誰だかよくわからない」といった顔で、上から下までジロジロ見ないようにします。また、服装や様子で品定めしたり、勝手な判断をしないように注意しましょう。どんな相手にも公平に接することが大切です。

3 ホスピタリティアテンディングの基本動作ステップ

　ホスピタリティアテンディングには動作に、①言葉を添えて　②手を添えて　③視線を添えることが大切です。

■廊下では

> STEP1　相手の前を歩く

> STEP2　相手と案内する方向の両方に注意を向けながら、背中を見せぬように案内する

STEP3　曲がり角では立ち止まり、振り返って「こちらでございます」と言葉をかけ、手で示しましょう。

＊物、建物、方向などを指し示すときは、指をそろえ、手のひら全体で示します。手首が曲がらないように気をつけましょう。ひじの角度で距離感を出します。同時に、相手の視線の方向を手がかりに、相手の理解を確認しましょう。
※高齢者や身体の不自由な方の場合、その方の歩調に合わせて誘導しましょう。

■階段では

STEP1　必ず一度立ち止まって

STEP2　「○階へ参ります」と言ってから案内する

STEP3　相手より先に上り下りする

STEP4　相手には手すりのある側を歩いていただき、自分たちは壁を背にして斜め歩きをする

■エレベーターでは
1人の相手を自動エレベーターにてご案内する場合

STEP1　案内人は乗るときも降りるときも相手の後から

複数の相手を自動エレベーターにてご案内する場合

STEP1　エレベーターの扉を長く開けておく必要があるので、「お先に失礼します」と声をかけ、まず自分が乗る

STEP2　「開」ボタンを押してから「どうぞ」と言って乗っていただく

STEP3　目的の場所に着いたら「どうぞお先に。左側（右側・正面）に参ります」と、声をかけ相手に先に降りていただく

≪エレベーターの乗り降り≫
1）操作をする者がすでに乗っている場合
　　上位者先乗り、先降りです。
2）自動操作の場合
　　自分が先に乗り、後から降ります。

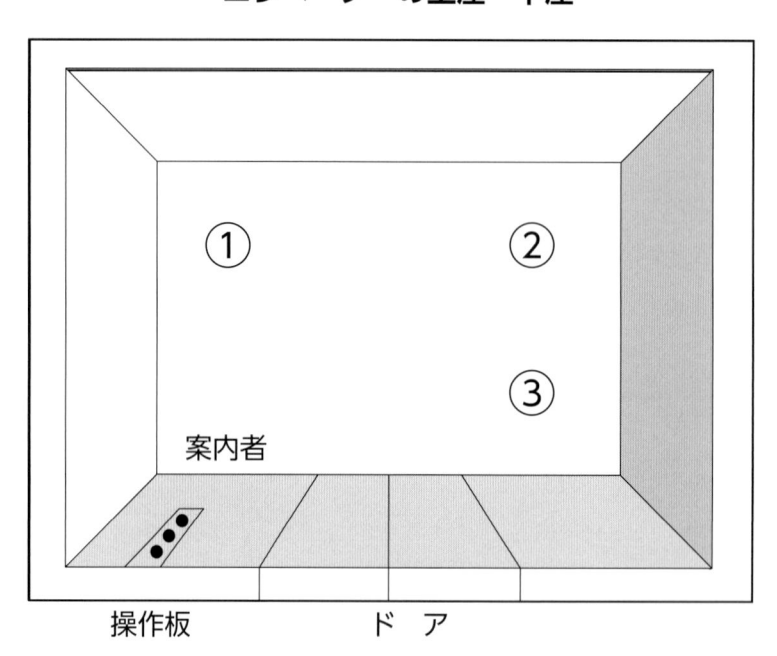

エレベーターの上座・下座

```
┌─────────────────────────┐
│                         │
│    ①          ②         │
│                         │
│              ③          │
│                         │
│ 案内者                   │
│ •••                     │
└───┬────┬────────────────┘
  操作板   ドア
```

■部屋のドアの開閉

STEP1　ノックをし、ドアを開ける前に「失礼します」と言い、「はい、どうぞ」の声があってからドアを開ける
・ドアが開いていてもノックし「失礼します」と声をかけ、ドアがない場合には「失礼します」と声をかける

STEP2　相手に先に入っていただく
・ドアが押し開きの場合には、「失礼します」と断り、開けたドアに沿って先に入り、ドアの取っ手を持ったままで、相手を招き入れる
・手前開きの場合は、ドアを一杯開いて軽く一礼し、「どうぞ」と相手を先に招き入れる

STEP3　部屋に入り、後ろ向きになりドアを閉める

■椅子の勧め方

> **STEP1** 座っていただく椅子を指し、
> 「どうぞこちらへ(あちらへ)おかけください」と声をかける

席順はドアから遠い席が上席（ゲストの席）また、1人がけの椅子よりソファの方が上席

応接室のルール

(1)基本的な応接室の席順

(2)一般事務室の席順

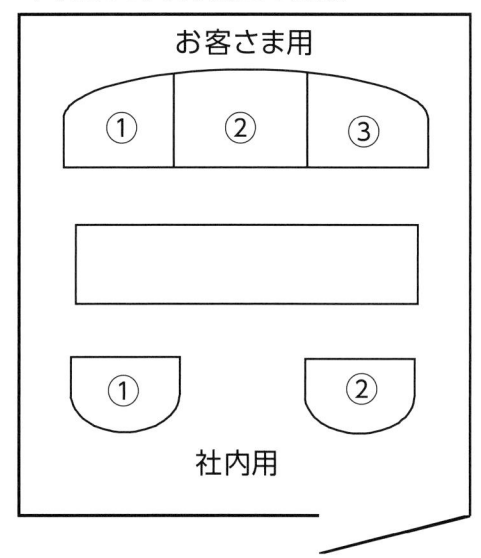

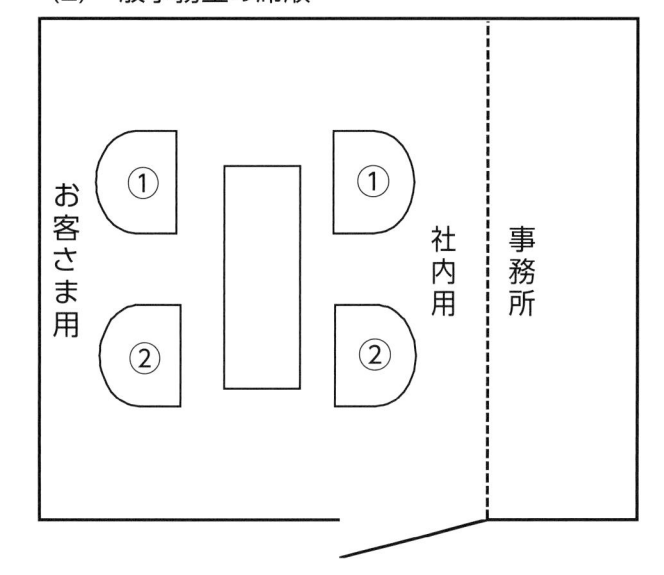

(1)基本的な応接室の席順
- 原則的にはソファが相手用席。肘掛け椅子が社内席
- 出入り口近くの席が社内席
- 相手用席、社内席とも、上図のように優先上席がある

対面型会議室のルール

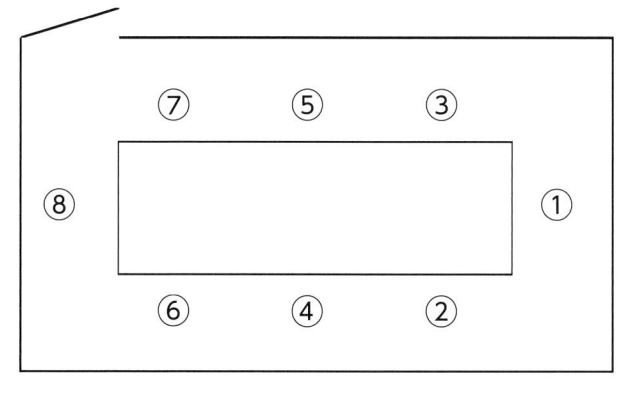

(2)一般事務室の席順
- 事務所に近い側が社内席
- 出入り口から遠い側が上位席

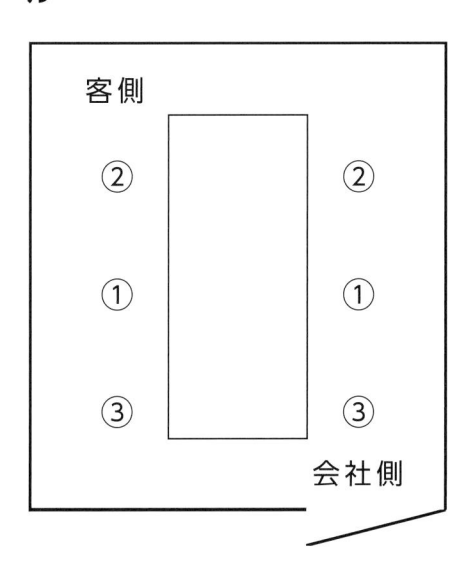

第Ⅴ章　ホスピタリティコミュニケーションスキル　75

■床の間がある部屋の上座、下座

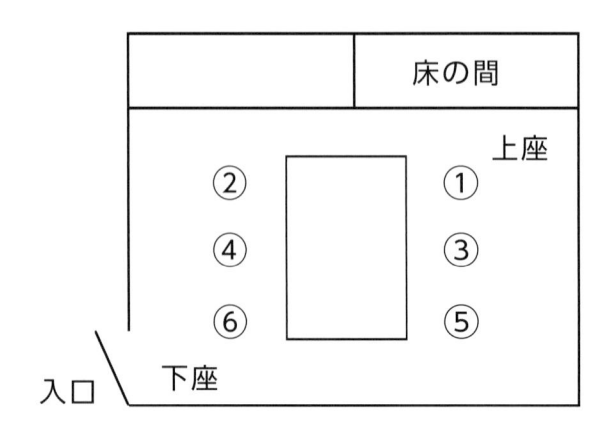

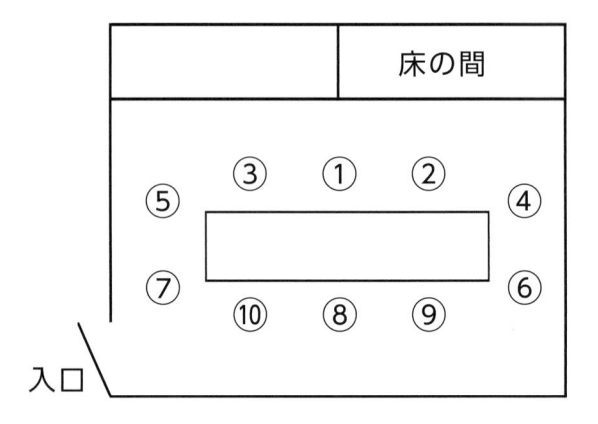

・床の間のある方が上座、入口側が下座というのが基本
・床の間が右側にある本勝手と左にある逆勝手では、順序が逆になる
・部屋の形、人数、顔ぶれによって異なることもある

■乗り物の上座・下座

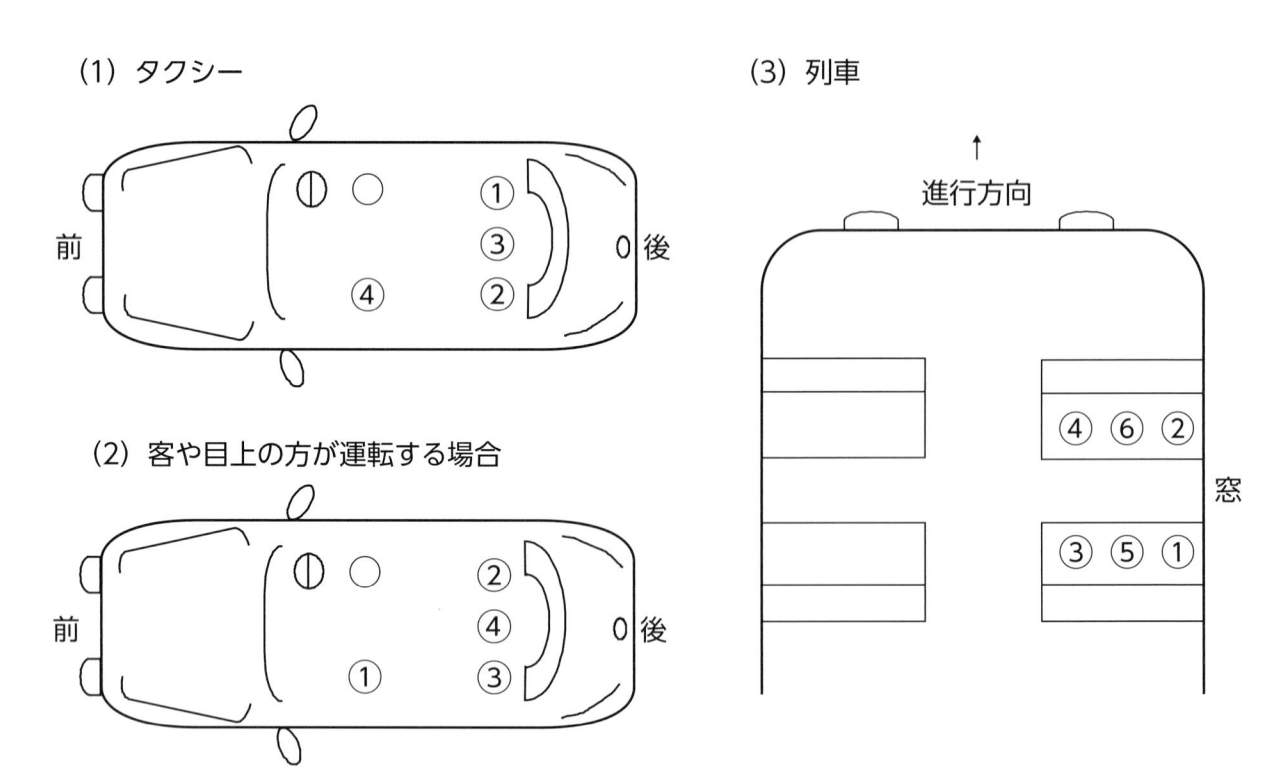

（1）タクシー

（2）客や目上の方が運転する場合

（3）列車

■お見送り

> STEP1　忘れ物がないように
>
> STEP2　見えなくなるまで見送る

エレベーターまで見送る場合
　エレベーターのところまで見送りをしながら、扉が閉まるとき、もう一度丁寧にお辞儀をして見送る

玄関まで見送る場合
　玄関の外まで出て、姿が見えなくなるまで見送る
　相手が振り返られたときは、もう一度お辞儀をして見送る

自動車まで見送る場合
　車が遠ざかるか、角を曲がって見えなくなるまで、その場にきちんと立って見送る

第Ⅵ章

ホスピタリティコミュニケーションの業界事例研究 演習問題

コミュニケーションで一番大切なことは、
相手が口にしていない言葉を
聞き分ける力である

ピーター・ドラッカー　経営学者

1 医療・介護業界でのホスピタリティコミュニケーションの重要ポイント

①介護施設の接遇には特有のむずかしさがあります。家族に対する接遇であれば社会常識的な方法で大きな問題はありませんが、利用者に対する接遇はケアと同じくきわめて個別的にならざるを得ないからです。職員から毎日恭しい敬語を使われたら息が詰まってしまいます。

②利用者や入院患者に対する接遇方法は、画一的に文章化することはできません。毎日接しているあなたが利用者一人ひとりにふさわしい接遇の方法を"相手の立場を考えて"個別に行うことが大切です。

③ホスピタリティコミュニケーションは、思いやりの心を伝えるための方法・技術だと考えましょう。

④ホスピタリティコミュニケーションで病院・介護施設のレベルが計れます。

⑤ホスピタリティコミュニケーションの基本は、目配り・気配り・心配りと直感力と想定行動力が大切です。

⑥ホスピタリティコミュニケーションは、もし相手が自分だったらどのようにしてほしいか考え、行動することです。

⑦相手が望むホスピタリティ言語（ワード）を身につけ、実行しましょう。

2 職場でのホスピタリティコミュニケーション行動の基本10

①職場ルールを守る
②早めに職場に入る（15～30分前）
③私語を慎む
④個人的な感情はコントロールする
⑤仕事の重要性に誇りを持ち、責任感をもつ
⑥チーム医療・チーム介護を意識する
⑦あわてず冷静に落ち着いて行動する
⑧絶えず感謝の気持ちをもつ
⑨職務を通じて知り得た情報には守秘義務があることを認識・理解する
⑩どんなことでもごまかさず、引きずらず、他者のせいにしない

3 介護施設場面での注意ポイント

①起床・洗面
ノックして入室する
　・無言でケアに入らない
　・利用者の習慣を優先する
　・できないところを介助する

②更衣
　・プライバシーに配慮する
　・できないところを介助する
　・季節・場にふさわしい服装を選ぶ

③食事
　・おいしく食べてもらうための工夫をする
　・場に応じた対応・ケア
　・食事介助のマナー
　・子ども扱いはしない

④排泄
　・トイレの誘導はさりげなく
　・できないところを介助する
　・おむつ交換時のマナー

⑤入浴
　・羞恥心に配慮する
　・声をかけてから介助する
　・利用者の好みに合わせて

⑥レクリエーション
　・一人ひとりの状況に合わせる
　・恥をかかせない

⑦片マヒがある人
　・障害に伴う生活障害を知る
　・できないところを介助する

⑧うつ状態の人
　・うつ状態の主な症状を知る
　・聞き上手になる
　・叱咤激励はしない

⑨失語症のある人
　・失語症の主な種類を知る
　・ゆったりと接し、子ども扱いしない
　・言葉を失う悲しみを理解する

⑩認知症のある人
・認知症の主な症状を知る
・子ども扱いしない
・発言を否定しない
・気持ちによりそう

4 医療業界（医師・看護師）向けの演習問題

ホスピタリティのある対処方法をセルフワーク、グループワークしてトレーニングし、解答を評価し合ってください。対象者は1人ではありません。周囲をよく見て考えましょう。

◆ホスピタリティコミュニケーションポイントシート

(1)病院の待合所では外来患者さんが多く、長時間待っていらっしゃるある高齢者が疲れているようです。	
①対象者（誰に）	
②目配りポイント	
③心配りポイント	
④気配りポイント	
⑤言葉のポイント	
⑥態度・動作ポイント	
⑦自己評価	5　よい　　　　　　2　あまりよくない 4　まずまずよい　　1　よくない
⑧他者評価	5　よい　　　　　　2　あまりよくない 4　まずまずよい　　1　よくない
⑨総合評価 　平均＝$\frac{⑦＋⑧}{2}$	
⑩改善ポイントと方法	

第Ⅵ章　ホスピタリティコミュニケーションの業界事例研究

◆ホスピタリティコミュニケーションポイントシート

(2)病院で注射が嫌いな子どもがいます。注射がいやで泣いて母親にくっついて離れません。	
①対象者（誰に）	
②目配りポイント	
③心配りポイント	
④気配りポイント	
⑤言葉のポイント	
⑥態度・動作ポイント	
⑦自己評価	5　よい　　　　　　　2　あまりよくない 4　まずまずよい　　　1　よくない
⑧他者評価	5　よい　　　　　　　2　あまりよくない 4　まずまずよい　　　1　よくない
⑨総合評価 　　平均＝$\frac{⑦＋⑧}{2}$	
⑩改善ポイントと方法	

◆ホスピタリティコミュニケーションポイントシート

(3)交通事故で怪我をして緊急手術が必要な患者さんがいます。 事故を起こした相手に責任を感じ、精神状態が不安定な状況です。	
①対象者（誰に）	
②目配りポイント	
③心配りポイント	
④気配りポイント	
⑤言葉のポイント	
⑥態度・動作ポイント	
⑦自己評価	5　よい　　　　　　2　あまりよくない 4　まずまずよい　　1　よくない
⑧他者評価	5　よい　　　　　　2　あまりよくない 4　まずまずよい　　1　よくない
⑨総合評価 　　平均＝$\frac{⑦＋⑧}{2}$	
⑩改善ポイントと方法	

5 介護業界（介護職員）向けの演習問題

◆ホスピタリティコミュニケーションポイントシート

(1)入所している友人を訪ねて来た人がいます。お部屋がわからずウロウロしています。	
①対象者（誰に）	
②目配りポイント	
③心配りポイント	
④気配りポイント	
⑤言葉のポイント	
⑥態度・動作ポイント	
⑦自己評価	5　よい　　　　　　2　あまりよくない 4　まずまずよい　　1　よくない
⑧他者評価	5　よい　　　　　　2　あまりよくない 4　まずまずよい　　1　よくない
⑨総合評価 　　平均 = $\dfrac{⑦ + ⑧}{2}$	
⑩改善ポイントと方法	

◆ホスピタリティコミュニケーションポイントシート

(2)認知症で入所されている高齢者がいます。トイレに行くのも不自由な状況です。	
①対象者（誰に）	
②目配りポイント	
③心配りポイント	
④気配りポイント	
⑤言葉のポイント	
⑥態度・動作ポイント	
⑦自己評価	5　よい　　　　　　2　あまりよくない 4　まずまずよい　　1　よくない
⑧他者評価	5　よい　　　　　　2　あまりよくない 4　まずまずよい　　1　よくない
⑨総合評価 　　平均＝$\dfrac{⑦＋⑧}{2}$	
⑩改善ポイントと方法	

第Ⅵ章　ホスピタリティコミュニケーションの業界事例研究

6 ホテル業界（フロント、ポーター）向けの演習問題

　ホスピタリティのある対処方法をセルフワーク、グループワークしてトレーニングし、解答を評価し合ってください。対象者は1人ではありません。周囲をよく見まわして考えましょう。

◆ホスピタリティコミュニケーションポイントシート

(1)小さな子どもと赤ちゃんを連れた家族がリゾートホテルに到着しました。フロントで受付をしていますが、子どもがはしゃいで困っているようです。	
①対象者（誰に）	
②目配りポイント	
③心配りポイント	
④気配りポイント	
⑤言葉のポイント	
⑥態度・動作ポイント	
⑦自己評価	5　よい　　　　　　2　あまりよくない 4　まずまずよい　　1　よくない
⑧他者評価	5　よい　　　　　　2　あまりよくない 4　まずまずよい　　1　よくない
⑨総合評価 　　平均＝$\frac{⑦＋⑧}{2}$	
⑩改善ポイントと方法	

◆ホスピタリティコミュニケーションポイントシート

(2)ホテルのレストランで食事をされた後、会計で財布を忘れてしまったのに気づき、困っているようです。	
①対象者（誰に）	
②目配りポイント	
③心配りポイント	
④気配りポイント	
⑤言葉のポイント	
⑥態度・動作ポイント	
⑦自己評価	5　よい　　　　　　2　あまりよくない 4　まずまずよい　　1　よくない
⑧他者評価	5　よい　　　　　　2　あまりよくない 4　まずまずよい　　1　よくない
⑨総合評価 　　平均 = $\dfrac{⑦ + ⑧}{2}$	
⑩改善ポイントと方法	

第Ⅵ章　ホスピタリティコミュニケーションの業界事例研究

◆ホスピタリティコミュニケーションポイントシート

(3)ホテルに大切な宝石と時計を忘れてしまったお客様がいます。狼狽（ろうばい）して何を言っているかもわからない状況です。	
①対象者（誰に）	
②目配りポイント	
③心配りポイント	
④気配りポイント	
⑤言葉のポイント	
⑥態度・動作ポイント	
⑦自己評価	5　よい　　　　　2　あまりよくない 4　まずまずよい　1　よくない
⑧他者評価	5　よい　　　　　2　あまりよくない 4　まずまずよい　1　よくない
⑨総合評価 　　平均 = $\dfrac{⑦+⑧}{2}$	
⑩改善ポイントと方法	

◆ホスピタリティコミュニケーションポイントシート

(4)宿泊日時を間違えてしまわれたお客様がいます。	
①対象者（誰に）	
②目配りポイント	
③心配りポイント	
④気配りポイント	
⑤言葉のポイント	
⑥態度・動作ポイント	
⑦自己評価	5　よい　　　　　　2　あまりよくない 4　まずまずよい　　1　よくない
⑧他者評価	5　よい　　　　　　2　あまりよくない 4　まずまずよい　　1　よくない
⑨総合評価 　　平均＝$\dfrac{⑦＋⑧}{2}$	
⑩改善ポイントと方法	

第Ⅵ章　ホスピタリティコミュニケーションの業界事例研究　91

7 サービス業界（飲食店、小売店など）向けの演習問題

　ホスピタリティのある対処方法をセルフワーク、グループワークしてトレーニングし、解答を評価し合ってください。対象者は1人ではありません。周囲をよく見て考えましょう。

◆ホスピタリティコミュニケーションポイントシート

(1)ファミリーレストランでオーダー違いのものがきて怒っているお客様がいます。	
①対象者（誰に）	
②目配りポイント	
③心配りポイント	
④気配りポイント	
⑤言葉のポイント	
⑥態度・動作ポイント	
⑦自己評価	5　よい　　　　　　2　あまりよくない 4　まずまずよい　　1　よくない
⑧他者評価	5　よい　　　　　　2　あまりよくない 4　まずまずよい　　1　よくない
⑨総合評価 　平均＝$\dfrac{⑦＋⑧}{2}$	
⑩改善ポイントと方法	

◆ホスピタリティコミュニケーションポイントシート

(2)ファーストフードで子どもが隣にいたお客様のコーヒーをこぼしてしまいました。お客様は洋服が汚れてしまい困っています。	
①対象者（誰に）	
②目配りポイント	
③心配りポイント	
④気配りポイント	
⑤言葉のポイント	
⑥態度・動作ポイント	
⑦自己評価	5　よい　　　　　　　2　あまりよくない 4　まずまずよい　　　1　よくない
⑧他者評価	5　よい　　　　　　　2　あまりよくない 4　まずまずよい　　　1　よくない
⑨総合評価　平均＝$\frac{⑦＋⑧}{2}$	
⑩改善ポイントと方法	

第Ⅵ章　ホスピタリティコミュニケーションの業界事例研究

◆ホスピタリティコミュニケーションポイントシート

(3)飲食店のレジで担当者が精算を間違え、酔ったお客様が大声でどなっています。	
①対象者（誰に）	
②目配りポイント	
③心配りポイント	
④気配りポイント	
⑤言葉のポイント	
⑥態度・動作ポイント	
⑦自己評価	5　よい　　　　　　2　あまりよくない 4　まずまずよい　　1　よくない
⑧他者評価	5　よい　　　　　　2　あまりよくない 4　まずまずよい　　1　よくない
⑨総合評価 　　平均＝$\dfrac{⑦＋⑧}{2}$	
⑩改善ポイントと方法	

◆ホスピタリティコミュニケーションポイントシート

(4)居酒屋でお酒を飲みすぎた若い客が飲食したものをもどし、倒れています。周囲の人達は気持ち悪がって困っています。	
①対象者（誰に）	
②目配りポイント	
③心配りポイント	
④気配りポイント	
⑤言葉のポイント	
⑥態度・動作ポイント	
⑦自己評価	5　よい　　　　　2　あまりよくない 4　まずまずよい　1　よくない
⑧他者評価	5　よい　　　　　2　あまりよくない 4　まずまずよい　1　よくない
⑨総合評価 　　平均＝$\frac{⑦＋⑧}{2}$	
⑩改善ポイントと方法	

第Ⅵ章　ホスピタリティコミュニケーションの業界事例研究

◆ホスピタリティコミュニケーションポイントシート

(5)ショッピングセンターの駐車場が満車で車が長蛇の列になっています。車のなかのお客様が暑くて困っています。	
①対象者（誰に）	
②目配りポイント	
③心配りポイント	
④気配りポイント	
⑤言葉のポイント	
⑥態度・動作ポイント	
⑦自己評価	5　よい　　　　　　　2　あまりよくない 4　まずまずよい　　　1　よくない
⑧他者評価	5　よい　　　　　　　2　あまりよくない 4　まずまずよい　　　1　よくない
⑨総合評価 　　平均 = $\frac{⑦ + ⑧}{2}$	
⑩改善ポイントと方法	

◆ホスピタリティコミュニケーションポイントシート

(6)百貨店で買った商品にキズがあり、お客様が大声でクレームを言っています。	
①対象者（誰に）	
②目配りポイント	
③心配りポイント	
④気配りポイント	
⑤言葉のポイント	
⑥態度・動作ポイント	
⑦自己評価	5　よい　　　　　　2　あまりよくない 4　まずまずよい　　1　よくない
⑧他者評価	5　よい　　　　　　2　あまりよくない 4　まずまずよい　　1　よくない
⑨総合評価　平均＝$\dfrac{⑦＋⑧}{2}$	
⑩改善ポイントと方法	

◆ホスピタリティコミュニケーションポイントシート

(7)コンビニエンスストアで賞味期限切れの品物があり、お客様がアルバイトに責任追及をしています。	
①対象者（誰に）	
②目配りポイント	
③心配りポイント	
④気配りポイント	
⑤言葉のポイント	
⑥態度・動作ポイント	
⑦自己評価	5　よい　　　　　　2　あまりよくない 4　まずまずよい　　1　よくない
⑧他者評価	5　よい　　　　　　2　あまりよくない 4　まずまずよい　　1　よくない
⑨総合評価 　　平均 = $\frac{⑦+⑧}{2}$	
⑩改善ポイントと方法	

加賀　博

著者略歴

ホスピタル人材総合研究所株式会社代表取締役、株式会社ジーアップキャリアセンター代表取締役、株式会社日本経営コンサルタント総合支援機構代表取締役会長（CEO）、千葉商科大学大学院客員教授、高野山大学非常勤講師

慶應義塾大学法学部卒。沖電気、リクルートを経て1986年に独立。これまでに経営戦略、人材開発、組織開発に携わった企業・団体は1000社を超える。

また、組織人材採用総合手法、組織・人材育成総合手法、組織・人材マネジメント総合手法、新キャリア形成法など50冊以上の書籍を執筆している。

対人関係力・仕事力・社会的影響力を高める

ホスピタリティコミュニケーション力

2016年3月31日　　初版第1刷発行

著　者	加賀　博
発行者	林　諄
発行所	株式会社日本医療企画
	〒101-0033　東京都千代田区神田岩本町4-14　神田平成ビル
	TEL. 03-3256-2861（代）　　http://www.jmp.co.jp
印刷・製本	図書印刷株式会社

ⓒ Hiroshi Kaga 2016, Printed in Japan
ISBN978-4-86439-457-4　C3037　　　　　定価は表紙に表示しています。
本書の全部または一部の複写・複製・転訳載の一切を禁じます。これらの許諾については小社までご照会ください。